CORSO DI DIRITTO PUBBLICO

COS'È IL DIRITTO?

A tutti sarà capitato di ascoltare frasi tipo: "Il furto è punito dalla legge"; "I cittadini sono obbligati, a norma di legge, a pagare le tasse"; "La pena di morte non è ammessa dal diritto italiano"; "Il debitore ha l'obbligo giuridico di pagare il suo debito al creditore". Le parole legge, norma di legge, diritto, giuridico, che compaiono nelle frasi precedenti, si riferiscono ad un unico fenomeno che viene designato come diritto. Esso consiste in un insieme di regole o norme che i membri della società sono obbligati a rispettare. Possiamo perciò riformulare le frasi precedenti in questo modo: in Italia esistono regole del diritto che vietano il furto, che impongono ai cittadini di pagare le tasse, che vietano la pena di morte, che obbligano il debitore a pagare il suo debito.

Norma giuridica

Quando qualcuno può fare rispettare un comando o un divieto ricorrendo all'uso della forza siamo in presenza di una norma giuridica. Le *regole del diritto*, dette anche **norme giuridiche**, sono regole *precettive*, ossia stabiliscono che certi comportamenti *devono o non devono* essere tenuti. Esse sono formulate in termini *generali* e *astratti*. Per *generalità* s'intende che la regola deve essere rispettata da chiunque si trovi in quella determinata situazione descritta dalla norma. Per *astrattezza* s'intende invece che la regola si applica in ogni situazione eguale a quella prevista dalla norma.

I membri della società hanno l'obbligo di rispettarle, ma hanno anche la possibilità materiale di trasgredirle, di non osservarle. Per scoraggiare comportamenti contrari al diritto, accanto alle norme che vietano od obbligano determinate azioni, esistono altre *norme giuridiche* che stabiliscono le *sanzioni*. Per sanzione s'intende una conseguenza negativa o spiacevole per il soggetto che ha trasgredito la norma. Le sanzioni hanno lo scopo di incentivare l'osservanza delle norme e di disincentivare le trasgressioni.

Pertanto la norma giuridica si compone di due parti:

- il comando o divieto;
- e la sanzione in caso di inosservanza.

Diritto, giuridico

La parola *giuridico* è l'aggettivo che corrisponde al sostantivo *diritto* e vuole quindi dire *del diritto*. Così un obbligo giuridico è un obbligo stabilito dal diritto, un problema giuridico è un problema che riguarda il diritto, ecc.

Il termine *giuridico* deriva dalla parola latina *ius-iuris* che vuol dire diritto.

Nella lingua italiana tale parola è scomparsa nel suo significato originario di diritto, ma si è conservata, sotto la forma di una serie di prefissi. Per esempio: *gius*to, *gius*tizia, *gius*naturalismo; *giu*dice, *giu*dicare, *giu*dizio; *giur*idico; *giuris*dizione, *giuris*prudenza ecc.

Le sanzioni

La sanzione si definisce come un danno fisico, morale o economico che viene inflitto a colui che trasgredisce il comando o il divieto. Spesso si pensa alla sanzione come ad una punizione, ma in realtà la punizione è soltanto una tra le possibili sanzioni che il diritto prevede. Infatti, secondo la natura delle norme trasgredite, sono previste sanzioni di diverso genere che possono essere, grosso modo, ricondotte a due tipi fondamentali:

- Le **sanzioni di tipo punitivo** consistono nell'infliggere una *pena* al responsabile della violazione; le pene ammesse in Italia sono di tipo *detentivo* o *pecuniario*;
- Le **sanzioni di tipo riparatorio** consistono nell'obbligare il responsabile della violazione a ripristinare l'ordine giuridico violato; per esempio, costringere con la forza il debitore all'adempimento.

Vi sono sanzioni civili, amministrative e penali:

- Le sanzioni civili sono costituite ad esempio dal risarcimento del danno, dalla esecuzione forzata o dall'annullamento di un atto giuridico.
- Le sanzioni amministrative consistono di solito nella imposizione del pagamento di somme di denaro per la violazione di norme del diritto amministrativo.
- Le sanzioni penali sono danni fisici (ad esempio la pena di morte), danni morali come la detenzione o carcerazione, danni economici come il pagamento di somme di denaro o la confisca di beni inflitta a coloro che violano la legge penale, cioè commettono dei reati.

Il diritto civile regola i rapporti tra soggetti privati. Il diritto amministrativo regola invece i rapporti tra la Pubblica Amministrazione ed i cittadini. La legge penale tutela interessi individuali e collettivi di particolare importanza, come l'incolumità fisica, l'onore e la reputazione, il patrimonio, la pubblica fede, il segreto di stato, ed in genere i diritti dell'individuo garantiti dalla costituzione.

L'esistenza di sanzioni presuppone due condizioni di fatto:

•	Innanzi tutto deve esistere un'autorità in grado di accertare di fronte ad ogni caso concreto se la norma è stata violata e stabilire la sanzione;

•	In secondo luogo deve esistere un'autorità in grado di applicare, se necessario con la forza, ossia in modo coercitivo, la sanzione decisa dal giudice.

Tipi di norme

Possiamo riassumere quanto detto finora affermando che il diritto è costituito da un insieme di norme e in particolare da norme:

•   Che vietano o rendono obbligatori determinati comportamenti;

•   Che stabiliscono le sanzioni previste nel caso che le norme del primo tipo siano trasgredite;

•   Che conferiscono a determinati soggetti l'autorità di applicare le sanzioni e di farle eseguire in modo coercitivo; e da norme che stabiliscono le relative procedure.

Norme senza sanzione

Occorre però avvertire che non tutte le norme del primo tipo sono accompagnate da sanzioni. In particolare sono sprovviste di sanzione alcune *norme costituzionali* che regolano i comportamenti dei massimi organi dello Stato (Parlamento, Governo, Presidente della Repubblica). L'osservanza di queste norme non è quindi legata alla minaccia di sanzioni, ma deriva dalla convinzione dei soggetti interessati di doverle rispettare.

Diritto oggettivo e diritto soggettivo

La parola *diritto* ha, nel linguaggio tecnico-giuridico, due significati nettamente distinti.

In base al primo significato, che è quello che abbiamo usato finora, *diritto* equivale ad *insieme di norme, ordinamento giuridico*.

Possiamo perciò dire indifferentemente: "Il diritto italiano ammette il divorzio" oppure "l'ordinamento giuridico italiano ammette il divorzio". Quando la parola diritto è usata in questo significato, si può anche parlare di *diritto in senso oggettivo* o, più semplicemente, di **diritto oggettivo**. *Diritto oggettivo, insieme di norme giuridiche, ordinamento giuridico* sono espressioni che hanno lo stesso significato.

Il secondo significato della parola *diritto* ricorre quando si usano espressioni come: "Il creditore ha diritto ad essere pagato"; "il figlio ha diritto all'eredità", ecc.

5

In queste frasi la parola *diritto* è usata per indicare la pretesa di un soggetto che è riconosciuta e tutelata dall'ordinamento giuridico. Per distinguere questo significato dal precedente, si usa spesso l'espressione **diritto soggettivo**.

Si noti che questa duplicità di significati è tipica della lingua italiana (e delle lingue neolatine).

La lingua inglese, invece, designa i due concetti con due parole diverse: *law* significa diritto oggettivo e *right* diritto soggettivo.

Ordinamento giuridico

Abbiamo affermato che il *diritto* può essere definito come un *insieme di norme*. Ora dobbiamo aggiungere che le norme giuridiche costituiscono un *sistema*, ossia un insieme d'elementi diversi, ma organizzati e strettamente collegati tra di loro. Si può esprimere lo stesso concetto affermando che le norme giuridiche costituiscono un ordinamento: l'**ordinamento giuridico**. Possiamo quindi parlare dell'ordinamento giuridico italiano, francese, spagnolo, per riferirci all'insieme (collegato e organizzato) di norme che vigono rispettivamente nello stato italiano, francese, spagnolo ecc.

I rami del diritto

I molteplici settori del diritto possono ricomprendersi all'interno della più generale distinzione tra **diritto privato e diritto pubblico**.

Il primo regola i rapporti tra soggetti che si trovano in posizione di parità tra di loro.

Il secondo prevede invece che uno dei soggetti si trovi in una posizione di superiorità rispetto agli altri soggetti esercitando nei loro confronti una potestà di impero. Il diritto pubblico regola pertanto principalmente i rapporti tra lo Stato ed i cittadini.

A questo proposito bisogna innanzitutto precisare la definizione di Stato.

LO STATO E LA COSTITUZIONE

Concetto di Stato

Lo **Stato** può essere definito come un popolo organizzato su un territorio sotto un unico potere politico sovrano.

Per avere uno Stato, è necessario un insieme di persone (il popolo) che stanno su un certo territorio e hanno deciso di darsi un'organizzazione stabile.

Dalla definizione di Stato si deduce che tre sono gli elementi fondamentali che lo costituiscono: il *potere politico sovrano* (sovranità), il *popolo* e il *territorio*.

Stato comunità e Stato governo

Lo Stato comunità

La definizione di Stato che abbiamo dato evidenzia tutti e tre gli elementi che lo costituiscono, con particolare riferimento al popolo che è l'elemento personale.

È questo il concetto di **Stato comunità**, che indica la società civile che vive su un certo territorio (elemento materiale), sotto un unico ordinamento sovrano.

È costituito dall'organizzazione politica di un popolo stanziato stabilmente su un dato territorio delimitato da confini, e coincide con la comunità che si organizza e stabilisce proprie norme giuridiche.

Lo Stato governo

Il concetto di Stato governo può essere definito come l'organizzazione complessa che, entro un certo territorio e su un certo popolo, esercita il potere sovrano.

È un'organizzazione costituita da pubblici funzionari e da attrezzature materiali che è considerata come un unico soggetto e cioè una persona giuridica o ente.

Lo Stato governo è quindi un ente pubblico in quanto si trova in posizione di supremazia nei confronti degli altri soggetti dell'ordinamento, ed è anche l'ente pubblico più importante.

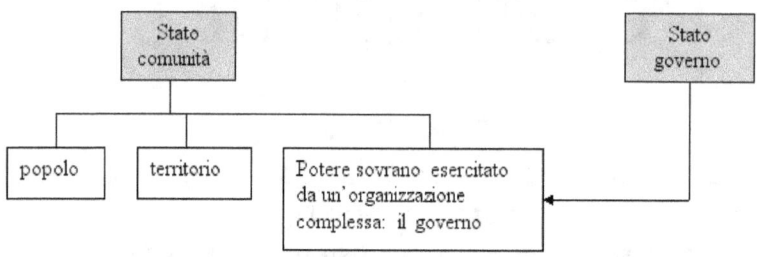

Tuttavia essendo un soggetto giuridico al pari degli altri soggetti è tenuto a rispettare le norme giuridiche ed in particolar modo le norme più importanti e fondamentali che prendono il nome di norme costituzionali.

Si parla così di Stato costituzionale o Stato di diritto per indicare che il potere pubblico è tenuto al rispetto delle norme costituzionali; poiché tali norme si riferiscono essenzialmente alla tutela dei diritti umani, possiamo dire che lo Stato inteso come apparato di governo non può violare i diritti dell'uomo e del cittadino elencati nella Costituzione.

Sovranità

Lo Stato governo esercita poteri di impero che costituiscono la cosiddetta sovranità.

In base ad essa lo Stato esercita la sua autorità nei confronti dei cittadini ed afferma la propria indipendenza nei confronti degli altri Stati. Si parla perciò rispettivamente di sovranità interna e sovranità esterna. Tuttavia la sovranità esterna risulta in parte limitata in dalle norme del diritto internazionale che si situano ad un livello superiore rispetto alle norme che regolano le comunità statali. Le norme internazionali disciplinano infatti i rapporti tra i vari Stati e sono costituite da norme consuetudinarie e dai trattati internazionali.

Anche il diritto internazionale è un sistema giuridico nel quale conservano la loro struttura costituita da comandi o divieti e dalla sanzione per la loro inosservanza.

Tali sanzioni sono essenzialmente la rappresaglia e la guerra per cui l'effettività e l'applicazione delle norme internazionali viene assicurata dagli Stati militarmente più forti.

La sovranità interna viene esercitata dallo Stato attraverso lo svolgimento delle varie funzioni sovrane che si distinguono in tre categorie:

1) **la funzione legislativa** che consiste nell'approvazione e nell'emanazione delle leggi, le quali sono norme generali e astratte:

generali perché si rivolgono a tutti i cittadini o a gruppi di cittadini;

astratte perché prevedono dei casi teorici che possono verificarsi o meno.

Le leggi sono emanate da speciali organi sovrani che nel nostro ordinamento sono la Camera dei Deputati e il Senato della Repubblica.

In alcuni casi norme generali ed astratte possono essere emanate anche da altri organi ed enti pubblici.

Il concetto di organo è il seguente: centro di poteri e funzioni costituito dall'ufficio, cioè dalla funzione che viene svolta da uno o più funzionari, cioè persone fisiche.

Se vi è un solo funzionario si dice che l'organo è individuale, se vi sono più funzionari si parla di organi collegiali.

Ad esempio un ministro è un organo individuale, la Camera dei Deputati è un organo collegiale.

L'insieme degli organi che svolgono la stessa funzione sovrana costituiscono il potere.

Pertanto diremo che la Camera dei Deputati ed il Senato della Repubblica sono due organi collegiali che insieme costituiscono il potere legislativo.

2) **la funzione amministrativa,** che consiste nell'attuazione delle norme giuridiche, per realizzare i fini dello stato governo. Gli organi che svolgono tale funzione sono in primo luogo il governo o Consiglio dei Ministri, in secondo luogo tutti i funzionari pubblici e gli enti pubblici che svolgono la funzione amministrativa come ad esempio i prefetti, i questori, le regioni, le province e i comuni.

L'insieme degli organi che svolgono la funzione amministrativa costituiscono il potere amministrativo o esecutivo.

Nel linguaggio giuridico questo potere è chiamato anche la Pubblica Amministrazione.

Sono frequenti i rapporti e le controversie tra i cittadini e la Pubblica Amministrazione in quanto questa nello svolgimento dei suoi poteri di impero, può limitare o addirittura sopprimere alcuni diritti dei cittadini, in applicazione delle leggi.

Tali diritti ricevono pertanto una tutela incompleta da parte dell'ordinamento giuridico e si dice con termine tecnico che affievoliscono a interessi legittimi.

Questa espressione sta a significare che il cittadino danneggiato dall'azione della Pubblica Amministrazione che ha soppresso o limitato un suo diritto conserva solo l'interesse alla retta applicazione della legge da parte della Pubblica Amministrazione nel momento in cui emette un provvedimento lesivo del proprio diritto. Nel caso che la PA abbia violato una disposizione di legge nell'esercizio dei suoi poteri, il cittadino può chiedere l'annullamento del provvedimento amministrativo in quanto illegittimo. A tal fine può presentare ricorso a una particolare autorità giudiziaria ovvero il Tribunale Amministrativo Regionale. (TAR). In alcuni casi è prevista la possibilità di ricorrere anche agli stessi organi del potere amministrativo, attraverso ricorsi in opposizione, che si presentano allo stesso organo che ha emanato il provvedimento illegittimo; ricorsi gerarchici, che si presentano ad un organo amministrativo superiore rispetto a quello che ha emanato il provvedimento; ricorsi straordinari al Capo dello Stato che si presentano direttamente al Presidente della Repubblica.

Contro le decisioni del TAR è possibile ricorrere ad un organo giudiziario superiore con sede a Roma, denominato Consiglio di Stato.

Infine contro le decisioni del Consiglio di Stato è ammesso ricorso alla Corte Suprema di Cassazione sempre con sede in Roma, ma soltanto per motivi di violazione della legge da parte della sentenza impugnata.

3) **la funzione giudiziaria** che consiste anch'essa nel dare attuazione alle norme giuridiche nei casi concreti sottoposti alla decisione di un giudice, in presenza di una controversia tra cittadini o tra stato e cittadini, o tra cittadini ed altri enti pubblici diversi dallo stato.

In sostanza la funzione giudiziaria consiste nella risoluzione delle controversie attraverso l'emanazione di una sentenza che dichiari quale soggetto abbia applicato correttamente le norme giuridiche: attribuendo la cosiddetta ragione.

L'insieme degli organi che svolgono la funzione giudiziaria costituiscono il potere giudiziario o magistratura.

L'attività dei magistrati si svolge essenzialmente nei processi o procedimenti giudiziari che si definiscono come una serie di atti diretti all'emanazione di un provvedimento finale che prende il nome di sentenza.

Vi sono varie categorie di processi:

a) Processi civili, nei quali insorgono controversie tra cittadini privati o comunque tra persone fisiche e giuridiche private.

Le parti di tali processi sono l'attore, cioè colui che agisce in giudizio per far valere il proprio diritto e che quindi esercita l'azione giudiziaria ed il convenuto cioè colui che resiste nel giudizio e si difende per mezzo di eccezioni.

b) Processi penali nei quali vi sono più parti: lo stato cioè la PA che intende esercitare il proprio diritto di punire chi ha commesso un reato, cioè una violazione della legge penale. Lo stato è rappresentato dal Pubblico Ministero cioè la pubblica accusa, funzione che nel nostro Paese, viene esercitata dai Procuratori della Repubblica; l'imputato cioè colui che è considerato come reo in quanto ha commesso una violazione della legge penale.

L'imputato si difende tramite avvocati; la parte civile cioè di solito la vittima del reato, la persona danneggiata dal fatto commesso dall'imputato, che può intervenire nel processo penale per esercitare l'azione civile di risarcimento del danno nei confronti dell'imputato.

c) I processi amministrativi che si svolgono nel caso di controversie tra i cittadini e la Pubblica Amministrazione, nei casi di lesione da parte di questa di diritti soggettivi o di interessi legittimi.

Siccome i diritti soggettivi hanno una tutela completa da parte dell'ordinamento, il cittadino può ricorrere al giudice ordinario e quindi al tribunale civile, per tutelare i propri diritti soggettivi nei confronti della PA.

Per quanto riguarda invece gli interessi legittimi, che sono situazioni giuridiche non completamente tutelate dal diritto in quanto i diritti soggettivi corrispondenti possono essere limitati o soppressi dalla PA in modo che tali diritti diventano per così dire affievoliti e quindi interessi legittimi.

Il cittadino può chiedere soltanto che la PA, nel limitare o sopprimere un proprio diritto soggettivo, rispetti le norme giuridiche contenute nelle leggi che le consentono di ledere alcuni diritti dei cittadini.

Il giudizio sulla lesione di tali interessi legittimi e quindi sulla illegittimità o meno dei provvedimenti amministrativi adottati nei confronti dei cittadini spetta a dei giudici speciali che costituiscono la magistratura amministrativa.

Questi sono i TAR che svolgono la funzione di giudici di primo grado, e dal Consiglio di Stato con sede nella capitale che svolge la funzione di secondo grado.

Se il provvedimento impugnato dal cittadino viene considerato illegittimo, è annullato.

La sovranità esterna

La sovranità esterna riguarda l'indipendenza dello stato nei confronti degli altri stati, cioè il fatto che il potere statale non riconosce un potere superiore.

Tuttavia di fatto tale indipendenza viene ad essere limitata dalla esistenza di comunità sopranazionali o internazionali.

È il caso ad esempio dell'Unione Europea la quale può emanare direttive che entrano automaticamente in vigore negli stati membri senza bisogno di un preventivo controllo dei rispettivi parlamenti.

Anche l'Organizzazione delle Nazioni Unite provvede a deliberare alcuni provvedimenti che devono essere eseguiti dagli stati interessati.

Nel caso della UE i vari provvedimenti vengono applicati spontaneamente dai governi degli stati compresi nelle comunità

Nel caso invece dell'ONU, i provvedimenti adottati dalla comunità possono non essere applicati dagli stati interessati e siccome non esiste un'organizzazione in grado di ricorrere all'uso della forza per far rispettare tali provvedimenti la loro esecuzione dipende dalla volontà degli stati più forti militarmente, di costringere con la forza gli altri stati che non vogliono piegarsi a questi comandi ad applicarli effettivamente. Ciò significa che per assicurare l'obbligatorietà e l'effettività delle norme giuridiche internazionali, le potenze militari possono ricorrere alle tipiche sanzioni internazionali come la rappresaglia, la guerra o l'embargo (l'impedimento dei traffici commerciali di uno stato con gran parte degli altri in modo da provocarne l'impoverimento e la conseguente crisi economica e sociale).

Infine per quanto riguarda l'Italia è la stessa Costituzione ad affermare che l'ordinamento giuridico italiano consente le limitazioni della propria sovranità per assicurare i buoni rapporti internazionali e preservare la pace.

Il territorio

Un altro elemento costitutivo dello stato inteso come comunità è il territorio, cioè la parte della superficie terrestre su cui si organizza politicamente un popolo.

È costituito innanzitutto dalla terraferma delimitata da confini, che comprende le acque interne, cioè fiumi e laghi, lo spazio aereo sovrastante e il sottosuolo.

Un discorso a parte va fatto per le acque del mare che si distinguono in acque territoriali ed in acque internazionali.

Le acque territoriali sono comprese entro le dodici miglia marine di distanza dalla costa, pari a 20 km circa.

La condizione delle navi e degli aerei è la seguente:

le navi civili sono territorio italiano se si trovano all'interno delle acque territoriali italiane o in acque internazionali.

Sono territorio straniero se si trovano in acque territoriali straniere.

Gli aerei civili sono territorio italiano se si trovano nello spazio sovrastante il territorio italiano o in spazi internazionali.

Sono territorio straniero se si trovano nello spazio sovrastante il territorio di uno Stato estero.

Navi e aerei militari sono invece sempre territorio italiano dovunque si trovino.

La distinzione è importante perché i fatti che accadono sulle navi e sugli aerei militari sono sempre di competenza dell'autorità giudiziaria dello stato a cui appartengono tali navi e aerei, mentre per le navi e gli aerei civili si applicano regole diverse.

Ad esempio un atto anti-giuridico compiuto su un aereo militare italiano sarà di competenza sempre dell'autorità giudiziaria italiana.

Invece se un tale atto è compiuto su una nave civile che si trovi in acque territoriali francesi, sarà di competenza dell'autorità francese.

Il popolo

Si definisce popolo in senso giuridico l'insieme dei cittadini di uno stato, cioè tutti coloro che acquistano il diritto di cittadinanza, con tutte le conseguenze relative allo stato di cittadino italiano ed ai suoi diritti e doveri.

Vi sono norme particolari per l'acquisto della cittadinanza, che si riconducono a due regole fondamentali: lo **ius sanguinis (diritto del sangue) e lo ius solii (diritto del suolo).**

Ciò significa che si può diventare cittadini italiani in quanto figli di italiani e in quanto nati sul territorio italiano.

Regole particolari sono stabilite per coloro che vengono adottati da cittadini italiani, pur essendo nati sul territorio straniero e da genitori stranieri.

Bisogna distinguere il concetto di popolo da quello di popolazione, di nazione e di corpo elettorale.

Nella popolazione sono compresi non solo i cittadini, ma anche tutti coloro che in un dato momento si trovano sul territorio italiano e pertanto anche gli stranieri e gli apolidi (persone che non hanno alcuna cittadinanza: come i gruppi di nomadi).

Nella nazione sono compresi tutti gli individui che presentano le stesse caratteristiche come innanzitutto la stessa lingua, religione, gli stessi usi e costumi, le stesse tradizioni. Pertanto non sempre il concetto di popolo coincide con quello di nazione: accanto agli stati uni -nazionali, in cui è presente una sola nazione, (Italia, Francia, Inghilterra) vi sono gli stati multi-nazionali in cui sono presenti diverse nazioni (Stati Uniti, Svizzera, Canada, Sud Africa, India)

Tuttavia in alcuni stati nazionali, soprattutto a causa delle recenti migrazioni provocate dalla mobilità internazionale della manodopera, sono presenti ormai diverse minoranze etniche che nell'Europa prendono il nome generico di extra-comunitari; inoltre presso i confini di alcuni Stati sono presenti gruppi etnici di altri Stati che parlano lingue diverse e che godono di una certa autonomia.

La Costituzione

Bisogna innanzitutto dire che la Costituzione è una legge e pertanto dobbiamo illustrare compiutamente il concetto di legge, considerando che non tutte le norme giuridiche sono leggi (ad esempio vi possono essere norme giuridiche denominate regolamenti, decreti, consuetudini ecc.).

La legge è una particolare norma giuridica che si caratterizza per due elementi:

1) la generalità, cioè il fatto che la legge si dirige a tutti i cittadini o a gruppi di cittadini, mai ad un singolo cittadino;

2) l'astrattezza, cioè la previsione di casi e di fatti solo teorici, che potranno verificarsi in concreto o no.

Queste due caratteristiche riguardano il contenuto della legge e quindi la sua sostanza.

Si dice pertanto che la legge è sostanziale se ha un contenuto generale ed astratto.

Vi è però anche un'altra caratteristica che riguarda la forma della legge e cioè il fatto che la norma di legge è approvata da speciali organi che esercitano la sovranità e che in Italia sono essenzialmente le assemblee legislative che costituiscono il parlamento.

Ciò significa che una legge, per essere tale deve esserlo anche in senso formale e cioè deve essere approvata dal parlamento.

In questo senso si dice che la legge è formale se è emanata dal parlamento.

Pertanto le leggi di solito sono formali e sostanziali.

Tuttavia alcune leggi possono essere solo formali o solo sostanziali.

Esempio di legge solo formale è la legge di approvazione del bilancio statale, in quanto, pur essendo approvata dal parlamento e rivestendo la forma della legge, contiene norme individuali e concrete, che si rivolgono ai singoli ministri autorizzandoli ad erogare le spese per il funzionamento della Pubblica Amministrazione, e prevedono un certo ammontare di entrate nelle casse dello stato in un dato periodo di tempo. I comandi contenuti in tali norme sono pertanto riferiti a casi concreti e a singoli soggetti e pertanto non possono classificarsi come norme generali e astratte.

La legge di bilancio perciò è solo formale in quanto è approvata dal Parlamento e non è sostanziale in quanto priva di un contenuto generale e astratto.

Per contro vi possono essere leggi solo sostanziali, come i decreti – legge e i decreti legislativi che sono atti normativi contenenti norme generali e astratte, ma sono emanati non da un organo legislativo bensì dal governo che è l'organo al vertice della Pubblica Amministrazione.

Tali decreti sono dunque leggi solo sostanziali perché contengono norme generali ed astratte ma hanno la forma di provvedimenti amministrativi, in quanto emanati dalla Pubblica Amministrazione.

Ciò detto, precisiamo che la Costituzione è la legge fondamentale che regola i rapporti tra i soggetti all'interno dell'organizzazione dello stato comunità.

La Costituzione disciplina due tipi fondamentali di rapporti: la forma di stato e la forma di governo.

La prima riguarda i rapporti tra gli organi che esercitano la sovranità ed i cittadini e contiene l'enunciazione solenne dei diritti dell'uomo e del cittadino che si pongono come limite invalicabile all'esercizio del potere politico.

Lo stato inteso come soggetto governante, al pari di tutti gli altri soggetti giuridici, è tenuto a rispettare le norme costituzionali che prevedono tali diritti umani inviolabili; si dice pertanto che la Costituzione, enunciando l'esistenza dei diritti umani, si pone come limite alla legislazione, nel senso che il parlamento e il governo non possono emanare norme giuridiche in violazione di tali diritti umani.

Poiché lo stato – governo è sottoposto a tali limiti costituzionali, si dice anche che vi è uno stato costituzionale o stato di diritto, proprio a sottolineare che l'azione dello stato è sottoposta al diritto.

Ciò significa anche che nelle moderne costituzioni, tutte derivate dalla dichiarazione dei diritti della Rivoluzione francese e della Rivoluzione americana, si afferma il primato della società civile sulla società politica: in altri termini il singolo cittadino fa valere i suoi diritti inviolabili nei confronti del potere politico verso il quale si pone dunque in una situazione di superiorità.

La forma di governo riguarda invece i rapporti tra i vari organi statali che esercitano le funzioni sovrane, ed in particolar modo i rapporti tra il potere legislativo ed il potere esecutivo.

Vi sono diversi tipi di costituzione:

1) Costituzione breve, ad esempio la prima costituzione dell'Italia unita, cioè lo statuto albertino del 1848, che fu estesa al Regno d'Italia dopo l'unità.

   Questa costituzione comprendeva pochi e sintetici articoli e quindi non disciplinava nei   dettagli la forma di stato e di governo.

2) Costituzione lunga, come l'attuale costituzione italiana entrata in vigore nel 1948 che è costituita invece da 139 articoli che disciplinano in modo particolareggiato la forma di stato e la forma di governo.

3) Costituzioni deliberate dall'alto o concesse dal sovrano (ottriate) come lo statuto albertino, che fu concesso dal re Carlo Alberto.

4) Costituzione deliberata dal basso o votata da una assemblea costituente, come l'attuale costituzione italiana.

5) Costituzione flessibile, (come lo statuto albertino), che poteva essere modificata con leggi ordinarie.

6) Costituzione rigida, come la costituzione repubblicana del dopoguerra, che invece può esser modificata solo da leggi costituzionali o di revisione della costituzione, che richiedono un procedimento più complesso e con maggioranze qualificate per l'approvazione, rispetto al normale procedimento di approvazione delle leggi ordinarie.

   Inoltre in questo tipo di costituzione viene esercitato un controllo sulle leggi da parte di un apposito organo giudiziario, la Corte Costituzionale, che ha il compito di verificare l'effettiva conformità delle leggi e degli altri atti normativi dello Stato alle norme della Costituzione.

   Nel caso la Corte ravvisi un contrasto tra alcune norme e la costituzione, le annulla immediatamente. In ogni caso a prescindere dalla flessibilità o dalla rigidità di una costituzione, sono stati individuati dagli studiosi del diritto pubblico dei limiti invalicabili alla modificabilità di una costituzione. Tali limiti attengono alle caratteristiche fondamentali della forma di stato e della forma di governo e sono stati denominati "limiti di regime".

Con questa espressione si vuole indicare che il regime politico di una comunità organizzata su di un territorio non può essere snaturato e pertanto esistono alcuni principi supremi che non possono essere modificati o soppressi. Ad esempio nel caso della Costituzione Italiana alcuni di tali principi possono essere il principio democratico, quello della forma di governo repubblicana (tra l'altro considerato esplicitamente immodificabile dall'art. 139 della Costituzione), il principio della società fondata sul lavoro, il principio di uguaglianza sia formale che sostanziale, il principio dell'indivisibilità della repubblica.

7) Costituzione materiale che comprende norme fondamentali non scritte e pertanto di carattere consuetudinario. Questo tipo di costituzione si ha in pratica in Gran Bretagna e negli stati organizzati sulla base del sistema giuridico anglo sassone, molto diverso dal sistema di origine romana che è diffuso nell'Europa continentale.

Il sistema giuridico inglese si basa essenzialmente su norme consuetudinarie non scritte (common law).

8) Costituzione formale che è costituita da un documento scritto in cui sono contenute le norme fondamentali sulla forma di stato e sulla forma di governo (carta costituzionale). Gli storici hanno individuato la documentazione in epoca anteriore alla Rivoluzione Francese in relazione a delle prime forme di dichiarazioni solenni già verificatesi in epoca medievale. Ad esempio la "magna charta libertatum" del 1215 cioè la solenne enunciazione dei diritti della classe nobiliare nei confronti del potere monarchico, effettuata in Inghilterra, e considerata un'anticipazione delle moderne costituzioni. In questo senso le dichiarazioni dei diritti della Rivoluzione Francese e della Rivoluzione Americana sono state influenzate sicuramente

da questo documento medievale. Anche la democrazia rappresentativa, che prevede un gruppo ristretto di persone riunite in un'assemblea legislativa in rappresentanza del popolo, che ha avuto la sua affermazione e il suo sviluppo dopo la Rivoluzione Francese, è un'istituzione che si è affermata già in epoca medievale con i parlamenti nel quale si riunivano i rappresentanti della nobiltà del clero e della borghesia, dapprima allo scopo di approvare i finanziamenti chiesti dal monarca.

La Costituzione italiana è dunque una costituzione deliberata dal basso in quanto è stata approvata da un'assemblea costituente, è rigida in quanto prevede un procedimento aggravato per la propria modificazione ed un controllo di costituzionalità delle leggi da parte della Corte Costituzionale; delinea una forma di stato democratico in quanto i diritti dell'uomo e del cittadino sono previsti in tutta la loro ampiezza. Stabilisce una forma di governo repubblicana con rapporto di fiducia tra il parlamento ed il governo

FORME DI STATO

A bbiamo detto che il contenuto essenziale della costituzione è la disciplina dei rapporti tra governanti e governati e dei rapporti tra gli organi di governo.
La forma di stato cioè il primo ordine di rapporti ha subito storicamente diverse evoluzioni, da quando si è affermato lo stato moderno con le caratteristiche dell'attuale stato inteso come organizzazione di una comunità su di un territorio. La prima forma di stato moderno fu lo stato assoluto, in cui il monarca accentrava nella sua persona tutta la sovranità e quindi sia le funzioni legislative che esecutive e giudiziarie, anche se con la collaborazione di propri funzionari che lo rappresentavano nelle varie parti del regno. Da qui la famosa espressione del re francese Luigi XIV "lo Stato sono io". In pratica il sovrano aveva un potere assoluto nel senso che era completamente libero di non rispettare alcuna norma giuridica e di tale potere si sentiva investito direttamente da Dio. Così anche il territorio dello stato con tutti i sudditi era considerato di proprietà del monarca (stato patrimoniale), gli individui non avevano alcun diritto ma solo dei doveri verso il monarca. Nello stato assoluto vigeva inoltre il principio della personalità della legge nel senso che a differenti classi sociali si applicavano norme differenti, non solo ma anche a seconda dei territori che si trovavano all'interno dello stato, si potevano applicare norme diverse (particolarismo giuridico). Il re amministrava la giustizia direttamente o attraverso propri funzionari: questa pratica comunque aveva anche dei lati positivi

in quanto assicurava una certa uniformità nell'amministrazione della giustizia, in favore dei sudditi che così potevano sfuggire all'ancora forte potere della classe aristocratica e dei signori feudali.

Con la Rivoluzione Francese si affermano tutti quei principi che sono alla base delle società contemporanee e che hanno definitivamente cancellato la forma di stato assoluto. Infatti con la Dichiarazione dei Diritti dell'uomo e del cittadino gli individui non sono più dei sudditi ma appunto dei cittadini che accanto ai doveri sono titolari dei diritti fondamentali inviolabili, che fanno valere nei confronti del potere politico. Questo ultimo viene così limitato e anche frammentato per assicurarne il corretto funzionamento, attraverso la previsione della separazione dei poteri nel potere legislativo, potere esecutivo e potere giudiziario. Questa separazione consente ad ogni potere di controllare l'altro e quindi impedisce ogni possibile arbitrio o illegalità. Con la Rivoluzione Francese inoltre si afferma la codificazione cioè la raccolta in un solo testo di tutte le leggi o di gran parte di esse allo scopo di assicurare l'applicazione uniforme della legge in tutto il territorio dello stato (principio della uguaglianza davanti alla legge). In questo modo si poneva fine sia alla personalità della legge sia al particolarismo giuridico. Tuttavia i diritti fondamentali contenuti nella DIchiarazione dei Diritti francese e anche americana erano prevalentemente diritti richiesti dalla classe borghese mercantile ed industriale, che poneva l'accento soprattutto sul diritto di proprietà e sul diritto di libertà di commercio, oltre che su tutti i diritti di libertà. Successivamente sulla scorta delle lotte e rivendicazioni delle classi popolari, furono affermati altri diritti fondamentali che tutelavano la posizione delle classi più deboli economicamente, come il diritto al lavoro, il diritto di sciopero, il diritto di organizzazione sindacale, il suffragio universale, l'uguaglianza di diritti tra i sessi, l'uguaglianza infine non solo davanti alla legge ma anche riguardo ai diritti politici e in senso economico sociale. Si afferma pertanto la forma di stato democratico che prevede un ampio numero di diritti fondamentali classificabili in tre categorie:

1. diritti di libertà, già affermatisi con la Rivoluzione francese
2. diritti politici, che riguardano l'uguaglianza di diritti politici e la libertà di organizzazione politica per tutte le classi sociali
3. diritti economico sociali, che tutelano le classi più deboli allo scopo di riequilibrare la disuguaglianza sociale ed economica e quindi consistono in tutti quei diritti a favore della classe lavoratrice, come il diritto di sciopero, di organizzazione sindacale, il diritto alla giusta retribuzione, il diritto alle ferie retribuite, e anche il diritto dello stato di intervenire per migliorare la situazione economica dei ceti meno abbienti, attraverso re-distribuzioni del reddito sia tra vari gruppi sociali che tra vari territori dello stato ed attraverso la così detta legislazione sociale, con l'istituzione dei vari enti pubblici previdenziali e assistenziali per tutelare l'infermità, la malattia e la vecchiaia dei lavoratori subordinati.

Tra queste tre forme di Stato fondamentali, storicamente si sono inserite delle forme di Stato autoritario come lo Stato fascista e lo Stato socialista, che hanno molti punti in comune, in particolare per la forte limitazione della libertà imposta ai cittadini e differiscono tra loro in quanto il regime fascista mantiene la proprietà privata e la libera iniziativa economica, mentre il regime socialista abolisce tali libertà, e pone l'accento sui diritti della classe lavoratrice. Si tratta di forme di Stato che ormai risultano del tutto abbandonate e con rivestono alcun interesse per lo studio dell'attuale società, in quanto si basavano sull'autoritarismo e sulla violenza esercitata sui cittadini dal potere politico.

FORME DI GOVERNO

Il rapporto tra gli organi che esercitano la sovranità costituisce la forma di governo, che viene regolata dalla Costituzione.

In particolare si tratta del rapporto tra gli organi del potere legislativo e quelli del potere esecutivo, rapporto che si atteggia in modi diversi e che prevede una maggiore o minore dipendenza e interazione tra i due poteri.

La prima distinzione da fare tra le forme di governo è naturalmente quella effettuata nell'antichità in epoca greco-romana che distingueva le tre forme della monarchia, aristocrazia e democrazia. Si tratta di termini della lingua greca, il cui significato è rispettivamente:

- comando di uno solo (monarchia);
- comando dei migliori (aristocrazia);
- comando del popolo (democrazia).

In epoca moderna si è invece affermata la distinzione fatta dal Machiavelli, nella sua opera "Il Principe", in cui afferma che tutti gli stati sono o principati o repubbliche.

Ed infatti ancora oggi la fondamentale distinzione tra le forme di governo è costituita da quella tra monarchia e repubblica.

In realtà invece non sempre è agevole individuare le vere differenze tra queste due forme di governo: alcuni la individuano nella ereditarietà della carica che sarebbe caratteristica della monarchia e non della repubblica, ma esistono repubbliche in cui la carica di presidente si trasmette in via ereditaria o parentale.

(Libia, Cuba) e monarchie in cui la carica non è ereditaria ma elettiva (ad esempio il papato).

Pertanto per distinguere le varie forme di governo occorre individuare caratteristiche ulteriori visto che la distinzione tra monarchia e repubblica è piuttosto sfumata. Occorre stabilire il criterio distintivo facendo riferimento al rapporto tra i vari poteri dello stato e soprattutto tra il potere legislativo ed il potere esecutivo.

Si parla pertanto di forma di **governo parlamentare** e forma di **governo presidenziale,** in relazione sia alle forme monarchiche che repubblicane.

Nell'ambito della forma di **governo parlamentare** rientrano:

- la repubblica parlamentare
- la monarchia parlamentare

In queste forme la caratteristica fondamentale è che il potere esecutivo può esercitare le sue funzioni soltanto se riceve la fiducia da parte della maggioranza parlamentare.

In altri termini il governo, cioè l'organo che si trova al vertice del potere esecutivo, è costituito da un gruppo di fiduciari della maggioranza parlamentare. Pertanto vi è uno stretto collegamento tra il potere legislativo ed esecutivo.

In tutte e due le forme sia il presidente che il monarca hanno soltanto un potere rappresentativo e di carattere notarile, cioè si limitano a constatare ciò che viene deciso dagli altri organi sovrani.

Nell'ambito della forma di **governo presidenziale** rientrano:

- la repubblica presidenziale
- la monarchia costituzionale

In queste due forme non sussiste alcun collegamento tra il potere legislativo e quello esecutivo, in quanto sia il presidente della repubblica (che viene eletto direttamente dal popolo), sia il monarca (che di solito viene investito della carica in via ereditaria), svolgono le funzioni di capi del governo e quindi scelgono direttamente i ministri che lo compongono, senza alcun condizionamento da parte del potere legislativo.

Vi è infine una terza forma di governo che si colloca in una posizione intermedia tra le prime due, ed è tipica dell'esperienza francese, la forma di **governo semi-presidenziale.**

Il presidente della repubblica viene eletto direttamente dal popolo e svolge funzioni esecutive relative alla politica estera, alla difesa e all'economia.

Il presidente del consiglio fa parte invece di un governo che deve essere investito delle sue funzioni al seguito della fiducia accordatagli dalla maggioranza parlamentare.

Il consiglio dei ministri quindi è costituito da un gruppo di fiduciari della maggioranza e svolge tutte le altre funzioni esecutive che non sono affidate al presidente della repubblica.

Si tratta pertanto di un doppio potere di diverse competenze governative ripartite tra il presidente della repubblica e il presidente del consiglio (diarchia-doppio comando)

LE VICENDE COSTITUZIONALI DELLO STATO ITALIANO

A seguito della unificazione del paese e della costituzione del regno d'Italia, fu estesa a tutto il territorio italiano la Costituzione concessa dal re Carlo Alberto nello stato sabaudo, nel 1848.

Questa Costituzione, composta di pochi e sintetici articoli, presentava le seguenti caratteristiche:

1. delineava una forma di Stato liberale, richiamandosi espressamente ai principi della Rivoluzione francese, e perciò ponendo l'accento soprattutto sui diritti di libertà individuale, ed in particolar modo sulla proprietà privata e sulla libera concorrenza in campo economico. Lo stato doveva assicurare semplicemente i servizi istituzionali e cioè la difesa dai nemici esterni, il mantenimento dell'ordine interno, l'amministrazione della giustizia e la garanzia del corretto funzionamento del mercato, sulla scorta della teoria economica del "laissez - faire", che si era affermata nel 1700 sulla base delle opere degli economisti classici.

2. <u>delineava una forma di governo presidenziale</u>, costituita da una monarchia costituzionale, nella quale il potere esecutivo, detenuto dal re e dai suoi ministri era del tutto indipendente dal potere legislativo. Anzi il re manteneva la prerogativa di intervenire nell'approvazione delle leggi, mediante il **potere di sanzione**, cioè di confermare definitivamente le leggi approvate dal parlamento. Il re inoltre, per dettato costituzionale, non assumeva mai la responsabilità dei suoi atti e provvedimenti, (**principio dell'irresponsabilità per gli atti compiuti**), che dovevano essere controfirmati dai ministri proponenti, i quali se ne assumevano la responsabilità. Si noti che questo istituto è stato conservato, nei confronti del Presidente della Repubblica, anche nell'attuale Costituzione italiana.

Il parlamento si componeva della Camera dei Deputati e del Regio Senato.

I componenti della prima venivano eletti con suffragio limitato ai soli individui di sesso maschile che possedevano un cospicuo patrimonio (suffragio maschile limitato per censo), e quindi appartenevano alle classi più elevate della società del tempo, e cioè alla burocrazia, alla borghesia agraria, commerciale e industriale, e alla nobiltà.

I componenti del Senato appartenevano ugualmente alle suddette classi, ma venivano scelti dal monarca. Lo Statuto Albertino si richiamava espressamente alla costituzione britannica e quindi prevedeva il bicameralismo, come in Inghilterra dove esisteva la Camera elettiva dei Comuni e la Camera dei Lords di nomina regia.

Tuttavia questo bicameralismo era diverso da quello inglese perché le due camere svolgevano la stessa funzione legislativa (bicameralismo perfetto).

Al contrario in Inghilterra ancora oggi le due camere svolgono funzioni diverse, in quanto la Camera dei Comuni, elettiva, svolge funzioni legislative e la Camera dei Lords, di nomina regia, svolge funzioni di alta corte di giustizia.

Nel sistema dello Statuto Albertino il monarca non era solo il capo del potere esecutivo ma partecipava anche al potere legislativo attraverso il potere di sanzionare le leggi. Il governo veniva nominato dal re ed era completamente indipendente dal potere legislativo.

3)   La forma di Stato liberale tuttavia cominciò a subire dei cambiamenti che favorivano la sua evoluzione verso una forma di stato democratico. Innanzitutto, sulla scorta dei movimenti sindacali ed operai della seconda metà dell'ottocento, erano nati, accanto ai partiti tradizionali della borghesia (detti partiti di notabili perché composti da rappresentanti della nobiltà e dell'alta borghesia), si organizzano anche partiti che rappresentano li strati sociali inferiori, come il Partito Popolare di ispirazione cristiana e il Partito Socialista di ispirazione laica e riformista. Questi partiti si propongono di partecipare alle elezioni ed in caso di vittoria di formare il governo; così anche la forma di governo presidenziale comincia a subire un'evoluzione in senso parlamentare in quanto il governo avrebbe dovuto comunque essere composto da esponenti dei partiti che avessero vinto le elezioni.

4)   L'evoluzione in senso democratico dello Statuto Albertino trova però la recisa opposizione della borghesia commerciale, industriale ed agraria, che paventa il pericolo di una vittoria elettorale dei partiti di massa e in particolare del partito socialista che avrebbe potuto varare delle riforme pericolose per gli interessi economici delle classi proprietarie delle fabbriche e delle terre. Questa paura era oltremodo alimentata da ciò che era successo in Russia nel 1917 cioè dalla presa del potere da parte di quelle organizzazioni rivoluzionarie che si ispiravano direttamente alle teorie politiche marxiste e si proponevano di collettivizzare le fabbriche e le terre, espropriandone la borghesia e cancellandola come classe sociale. E siccome la borghesia italiana non era disposta a farsi portare via i mezzi di produzione di cui era proprietaria, avendo paura che i

bolscevichi anche in Italia andassero al governo, si adoperò immediatamente per prendere delle contromisure affinché ciò non accadesse.

L'occasione fu data dall'abbandono del partito socialista da parte di un maestro elementare che per alcuni anni era stato un attivo militante socialista certo Benito Mussolini il quale abbandonò nel periodo immediatamente precedente il primo conflitto mondiale la sua posizione neutralista e sostenne invece l'intervento dell'Italia nel conflitto. Subito dopo la fine della guerra lo stesso Mussolini fondò a Milano l'organizzazione denominata "fasci di combattimento", che in un primo tempo raccoglieva soprattutto i reduci della prima guerra mondiale insieme ad altre persone avventuriste sbandate, violente e dedite al teppismo. Queste organizzazioni si proponevano di intervenire con la violenza per intimidire le masse popolari che nel periodo immediatamente successivo alla prima guerra mondiale avevano dato vita ad una serie di rivendicazioni economiche e sociali, sfociate in manifestazioni e scioperi chiedendo in sostanza un miglioramento delle loro condizioni di vita e una maggiore giustizia sociale. In questi movimenti era presente anche una larga frangia politica che si proponeva anche in Italia di instaurare un regime socialista come era avvenuto in Russia. La borghesia non ci pensò due volte a finanziare e favorire immediatamente le organizzazioni fondate da Mussolini, che cominciarono così a portare morte e terrore in tutta la penisola.

Il bersaglio dei fascisti erano chiaramente i cosiddetti "rossi". In questa situazione di disordini sociali e di violenza lo stato italiano prese atto della sua impotenza e il monarca Vittorio Emanuele III improvvidamente e disgraziatamente conferì l'incarico di capo del governo al signor Benito Mussolini che nel frattempo aveva trasformato i fasci di combattimento nel partito nazionale fascista e aveva pure organizzato la cosiddetta marcia su Roma.

5)   Inizia così il processo di de-costituzionalizzazione dello

Statuto Albertino in virtù della sua modificabilità attraverso semplici leggi ordinarie. Il regime fascista opera una serie di interventi legislativi che trasformano sia la forma di stato che la forma di governo. La prima si concretizza in un regime autoritario, in cui le principali libertà civili e politiche vengono totalmente soppresse e viene conservato esclusivamente il diritto di proprietà, l'iniziativa economica privata e l'economia di mercato, tutti istituti che sono funzionali agli interessi della borghesia commerciale, industriale ed agraria. Entra in vigore il sistema politico a partito unico, cioè i cittadini possono iscriversi esclusivamente al partito nazionale fascista. Viene abolito il diritto di sciopero (considerato come reato), e il diritto di organizzazione sindacale. Per i lavoratori dipendenti vi è solo la possibilità di iscriversi al sindacato fascista di categoria e viene denominato corporazione. In proposito il regime fascista vara una riforma che cancella completamente la Camera dei Deputati e la trasforma nella Camera dei Fasci e delle Corporazioni, nella quale si riuniscono tutte le categorie produttive attraverso rappresentanti sia dei datori di lavori che dei lavoratori dipendenti, allo scopo di raggiungere accordi economici e normativi riguardo al rapporto di lavoro e al suo svolgimento all'interno delle imprese. Questi accordi vengono a far parte delle cosiddette "norme corporative" le quali compaiono poi nel codice civile tra le fonti del diritto, in posizione subordinata rispetto alle leggi ed ai regolamenti. Il Senato in pratica veniva del tutto esautorato in quanto gran parte delle norme giuridiche venivano emanate dal governo presieduto da Mussolini attraverso il frequentissimo ricorso al procedimento di decretazione e pertanto ai decreti legge ed ai decreti legislativi.

Lo Statuto Albertino rimaneva formalmente in vigore ma il cambiamento del regime politico e quindi sia della forma di stato (da stato liberale a stato autoritario), sia della forma di governo (da monarchia costituzionale a dittatura di fatto), aveva snaturato completamente questa costituzione, valicando i cosiddetti "limiti di regime" e quindi provocando una rottura della carta costituzionale.

6)   Dopo la sconfitta nella seconda guerra mondiale e la caduta del regime fascista l'Italia si trovava, al seguito dell'armistizio dell'8 settembre 1943, divisa in due territori, l'uno situato al centro – sud dove permaneva la monarchia sabauda sotto la protezione degli alleati anglo-americani e in cui si formò il tristemente famoso governo del maresciallo Badoglio; l'altro situato al centro – nord e denominato Repubblica Sociale Italiana con capitale Salò nel quale Mussolini aveva formato un nuovo governo, sotto la protezione delle truppe naziste. Il 25 aprile 1945 la Resistenza partigiana, con l'aiuto degli alleati anglo – americani sconfiggeva definitivamente i nazisti e liberava anche il centro – nord del paese. Si era formato così il Comitato di Liberazione Nazionale che comprendeva tutte le forze politiche democratiche ed antifasciste. In un primo tempo il Re Vittorio Emanuele III, considerato responsabile del regime fascista in quanto aveva conferito l'incarico di governo a Mussolini, fu costretto ad abdicare, lasciando come luogo tenente del regno il proprio figlio Umberto II.

Ben presto però il popolo italiano fu chiamato a pronunciarsi sulla forma di governo che avrebbe dovuto reggere la nazione, cioè a scegliere tra la monarchia e la repubblica. La consultazione popolare (referendum), si tenne il 2 giugno 1946 ed ebbe come risultato l'abbandono definitivo della monarchia. Successivamente la famiglia reale fu esiliata, sempre per il motivo legato alle sue pesanti responsabilità relative al regime fascista. Nel 1947 i partiti democratici ed antifascisti cominciarono a preparare il nuovo modello di costituzione che avrebbe sostituito lo Statuto Albertino. Fu eletta un'Assemblea Costituente nella quale figuravano le personalità di spicco della Resistenza, che preparò il progetto di costituzione questa entrò in vigore il 1 gennaio 1948 e si caratterizza per la forma di stato democratico, per la forma di governo di repubblica parlamentare.

I PRINCIPI FONDAMENTALI DELLA COSTITUZIONE ITALIANA

La prima affermazione che si legge nella Costituzione è che l'Italia è una repubblica democratica fondata sul lavoro.

Si tratta della indicazione di due principi fondamentali che fanno parte dei cosiddetti "principi supremi" della Costituzione che vengono considerati immodificabili proprio in virtù del fatto che caratterizzano in maniera evidente il regime politico e costituiscono essi stessi quei "limiti di regime" di cui si è parlato in precedenza.

- Il primo principio è quello **repubblicano e democratico** che viene considerato essenziale sia per l'organizzazione del sistema politico, sia per tutte le organizzazioni sociali che si volessero costituire sul territorio italiano.

Il primo articolo della Costituzione stabilisce che l'Italia è una repubblica democratica, mentre l'ultimo articolo conferma che la **forma di governo repubblicana non può essere oggetto di revisione costituzionale.**

Il principio democratico cioè la formazione delle decisioni

sia politiche sia a tutti i livelli, in base alla formazione delle maggioranze necessarie per le varie deliberazioni, deve caratterizzare la vita dei cittadini sia a livello individuale sia a livello di organizzazioni sociali e politiche. Questo principio viene applicato in particolare alle organizzazioni sindacali e politiche che devono costituirsi ed operare con metodo democratico.

Infine vengono proibite le associazioni sicuramente antidemocratiche, dette "paramilitari", cioè che si propongono scopi politici attraverso organizzazioni di tipo militare, viene proibita la riorganizzazione del disciolto partito fascista (che si basava con tutta evidenza su un tipo di organizzazione antidemocratico) e nell'ambito della stessa organizzazione delle forze armate, viene ribadito il principio democratico, attraverso la previsione di tutta una serie di diritti e di doveri nei confronti degli appartenenti ad esse.

- Il secondo principio è quello **lavorista,** che indica chiaramente il valore del lavoro dipendente che viene tutelato in modo particolare sia da molte disposizioni contenute nella stessa costituzione, sia dalla cosiddetta legislazione sociale che ha dettato molte norme di attuazione della costituzione volte a favorire le classi meno abbienti attraverso una serie di interventi dello stato nelle situazioni di infortunio sul lavoro, malattia, invalidità e vecchiaia in cui possono versare i lavoratori dipendenti.

In particolare, nella Costituzione vi sono diversi articoli che disciplinano la condizione dei lavoratori dipendenti, prevedendo la tutela delle lavoratrici e del lavoro dei fanciulli:

a)   il diritto alla giusta retribuzione, commisurata alla qualità e quantità del lavoro prestato e in ogni caso sufficiente a garantire al lavoratore un'esistenza libera e dignitosa;

b)   il diritto al riposo settimanale ed alle ferie annuali retribuite;

c)   il diritto di organizzazione sindacale per la rivendicazione degli interessi economici delle varie categorie di lavoratori;

d)   il diritto di sciopero, come forma di tutela concessa ai
lavoratori subordinati per l'ottenimento delle proprie
richieste economiche. La Costituzione aggiunge che
tale diritto deve esercitarsi nell'ambito delle leggi che
lo regolano. Recentemente il legislatore è intervenuto
a regolamentare il diritto di sciopero, puntualizzando
la legittimità del solo sciopero economico, vietando
quello politico e vietando lo sciopero nei pubblici servizi essenziali per i cittadini;

- Tra i principi fondamentali della costituzione vi è poi
quello della **unità e indivisibilità della repubblica**, principio sul quale recentemente si sta discutendo molto
poiché alla fine degli anni 80 è sorto e poi si è sviluppato
successivamente un movimento politico che si propone
la divisone del paese, proponendo la costituzione di uno
stato federale. Non sembra però possibile suddividere il
territorio in diverse entità statali sia pure federate fra
loro a meno che non si riesca ad abolire questo principio
costituzionale attraverso **una legge di revisione costituzionale, sottoposta al procedimento aggravato costituito dalla doppia approvazione con intervallo non
inferiore a tre mesi e all'approvazione a maggioranza
dei due terzi del parlamento, oppure a maggioranza
assoluta ma con possibilità delle forze politiche contrarie di richiedere il referendum popolare per approvare l'eventuale modifica della costituzione.**

Trattandosi tuttavia di un limite di regime in quanto rientra
tra i principi supremi, la Corte Costituzionale, cioè l'organo
giudiziario incaricato di custodire la legalità costituzionale,
si è già pronunciata diverse volte sulla non modificabilità di
questo principio, dichiarando apertamente che una legge di
revisione che l'abolisse sarebbe annullata perché contraria
alla Costituzione.

- Un altro importante principio fondamentale è quello che riguarda **l'uguaglianza tra tutti gli esseri umani** senza distinzione di sesso, razza, lingua e religione, con il corollario relativo all'intervento dello stato per rimuovere gli ostacoli al pieno sviluppo della personalità dell'individuo.

Il principio di uguaglianza necessità tuttavia di un breve commento, in quanto l'uguaglianza tutelata dalla costituzione si riferisce in modo particolare alla cosiddetta **"uguaglianza dei punti di partenza".**

Questa si concreta nella possibilità offerta ad ogni individuo di realizzare le proprie aspirazioni all'interno della compagine sociale, attraverso l'intervento dello stato diretto ad eliminare situazioni di effettiva disuguaglianza che impediscono la realizzazione dei vari obiettivi che gli individui si pongono.

In questo modo si riconosce il valore della capacità individuale attraverso la quale i cittadini possono differenziarsi, stabilendo appunto le condizioni di uguaglianza di base secondo le quali i cittadini possono competere liberamente tra di loro.

Fa parte dell'uguaglianza dei punti di partenza innanzitutto l'uguaglianza di diritti politici, secondo la quale tutti i cittadini maggiorenni possono eleggere i propri rappresentanti o candidarsi alle elezioni (diritto di elettorato attivo e passivo). Ugualmente fanno parte dell'uguaglianza dei "punti di partenza" tutti quegli interventi statali diretti a ripristinare l'equilibrio tra le condizioni sociali ed economiche dei cittadini, in tutti i casi in cui il libero mercato provocherebbe forti diseguaglianza e sperequazioni sociali.

In particolare si segnala l'insieme dei provvedimenti legislativi che prende il nome di legislazione sociale, attraverso la previsione di sussidi, incentivi economici e trasferimenti di ricchezza in favore di categorie di cittadini e di imprese.

Anche la politica finanziaria e fiscale, nonché la gestione delle risorse economiche attraverso le imprese pubbliche può favorire l'erogazione di servizi a condizioni economiche favorevoli per la maggior parte dei cittadini, in modo da elevare la qualità della loro vita attraverso l'accesso ai vari beni e servizi offerti dalle stesse imprese.

A tale scopo la Costituzione prevede la possibilità di nazionalizzare le imprese che si riferiscono a servizi pubblici essenziali o che operano in regime di monopolio, o che forniscono fonti di energia.

Anche la proprietà privata viene limitata sia in relazione alla sua funzione, sia in relazione alla sua estensione.

Infatti nella Costituzione se ne stabilisce la funzione sociale, cioè l'esercizio a vantaggio di tutta la collettività e nel Codice Civile si aggiunge il cosiddetto divieto degli "atti emulativi", cioè quelli diretti esclusivamente a utilizzare la proprietà privata al solo scopo di danneggiare altri soggetti.

Attraverso queste statuizioni (provvedimenti) ed interventi dello Stato si assicura ai cittadini un'uguaglianza formale (cioè davanti alla legge), un'uguaglianza di diritti politici ed un'uguaglianza dei punti di partenza nel campo sociale ed economico.

La completa uguaglianza sociale ed economica non rientra tra le situazioni tutelate dalla Costituzione, in virtù del fatto che il sistema economico previsto nella stessa Costituzione è costituito da un'economia di mercato di tipo misto, con la presenza di imprese private e di imprese pubbliche. La conseguenza è che i cittadini possono differenziarsi economicamente e socialmente secondo le leggi del mercato.

LA FORMA DI STATO ED I DIRITTI PUBBLICI SOGGETTIVI

A bbiamo già detto che la forma di stato è costituita dalla disciplina dei rapporti tra l'autorità politica (stato governo) ed i cittadini.

In particolare l'attività legislativa dello stato viene limitata dalla previsione costituzionale dell'esistenza di diritti individuali inviolabili che non possono essere limitati o soppressi attraverso provvedimenti legislativi.

Ciò significa che lo Stato ha un potere limitato dalla Costituzione, deve rispettare i diritti inviolabili dei cittadini, proprio in quanto il suo potere è limitato dal diritto, e lo Stato non è altro che un soggetto giuridico che si pone in rapporto con tutti gli altri soggetti dell'ordinamento, ed è tenuto a rispettare le norme giuridiche costituzionali come tutti gli altri soggetti.

La Costituzione che afferma solennemente l'esistenza dei diritti inviolabili si dice costituzione liberal-democratica e ai nostri giorni rappresenta l'evoluzione della dichiarazione dei diritti dell'uomo e del cittadino che è stata proposta con la Rivoluzione Francese e la Rivoluzione Americana sul finire del diciottesimo secolo.

Infatti a seguito di queste due rivoluzioni si affermò il principio che lo stato inteso come stato – governo dovesse rispettare le norme del diritto e in particolare della costituzione e perciò dovesse essere uno stato costituzionale o stato di diritto.

Queste prime costituzioni mettevano l'accento soprattutto sulla categoria dei diritti di libertà e quindi erano delle costituzioni liberali, svolgendo la funzione di instaurare un nuovo regime politico del tutto opposto a quello precedente, caratterizzato dalla monarchia assoluta, dalla mancanza di diritti individuali, dal concetto di stato patrimoniale, in cui il monarca viene considerato proprietario sia del territorio statale, sia di tutti gli individui che su questo vivevano come semplici sudditi, avendo solo dei doveri verso il sovrano.

Successivamente, sulla scorta delle rivendicazioni economiche e sociali delle classi subalterne i diritti individuali sono stati ampliati in modo da non comprendere solo la categoria dei diritti di libertà ma anche quelle dei diritti politici e dei diritti economico sociali, che prevedono un intervento dello stato a favore delle classi meno abbienti.

La Costituzione italiana si presenta quindi, dopo le vicende che abbiamo già analizzato in precedenza, come costituzione liberal – democratica che prefigura una forma di stato democratico, in cui il potere statale è limitato dai diritti di libertà, dai diritti politici e dai diritti economico – sociali.

Ciò significa che la Costituzione tutela la posizione di tutti i cittadini nei confronti del potere politico e conferma il primato della società civile sulla società politica.

I DIRITTI DI LIBERTÀ

In ogni società organizzata, è chiaro che il diritto alla libertà personale (cioè alla libertà del proprio corpo) è quello più importante tra i vari diritti di libertà.

La stessa Costituzione infatti prevede forti ostacoli e garanzie in relazione alla limitazione della libertà personale.

Ad esempio nessuno può essere privato della libertà personale (cioè arrestato o sottoposto alla detenzione) se non nei casi e modi stabiliti dalla legge e per ordine dell'autorità giudiziaria. In altri termini la Costituzione prevede una doppia riserva al fine di consentire la limitazione della libertà personale: la "riserva di legge" e la "riserva di giurisdizione".

Solo in casi eccezionali (sempre previsti dalla legge) è consentito l'arresto di un individuo ad opera dell'autorità di pubblica sicurezza, ma questa deve immediatamente informare l'autorità giudiziaria, che deve emanare un provvedimento di convalida dell'arresto entro e non oltre 48 ore. Se ciò non avviene l'individuo deve riottenere la sua libertà.

Bisogna coordinare il diritto alla libertà personale con la tutela individuale nei confronti dei provvedimenti dell'autorità giudiziaria limitativi di tale libertà.

Infatti nella Costituzione si stabilisce il principio della "presunzione di innocenza", cioè relativo al fatto che, fin quando non viene emessa una sentenza di condanna definitiva nei confronti di chi è accusato di aver commesso un reato, l'imputato non può essere sottoposto alla pena detentiva, cioè alla privazione della libertà personale.

Tuttavia, in aperto contrasto con le disposizioni costituzionali suddette, nel nostro diritto penale è stato conservato, quale retaggio del precedente regime politico autoritario, l'istituto della carcerazione preventiva o custodia cautelare, che consente di privare della libertà l'individuo a condizione che esistano sufficienti indizi di colpevolezza, pericolo di fuga e inquinamento delle prove. La Corte Costituzionale per il momento non ha ancora dichiarato tale istituto contrario alla Costituzione.

Vi sono alcuni casi in cui la libertà personale è maggiormente tutelata dal diritto:

ci riferiamo in particolare alla posizione dei parlamentari e delle alte cariche dello stato che possono godere della cosiddetta immunità e per i quali può essere previsto il divieto dell'arresto.

L'autorità di pubblica sicurezza può procedere all'arresto del comune cittadino o di qualsiasi individuo anche se non cittadino, nei due casi della flagranza di reato (che consiste nel cogliere sul fatto l'individuo mentre commette un reato) e del fermo di indiziati di reato; come abbiamo detto, in entrambi i casi deve essere informata l'autorità giudiziaria al fine di convalidare entro 48 ore l'arresto.

Gli altri diritti di libertà diversi dalla libertà personale sono disciplinati in modo dettagliato dalla Costituzione.

- In primo luogo vi è il diritto all'inviolabilità del domicilio.

Il domicilio è inviolabile.

Non vi si possono eseguire ispezioni o perquisizioni o sequestri, se non nei casi e modi stabiliti dalla legge secondo le garanzie prescritte per la tutela della libertà personale. Ciò significa che permane la doppia riserva di legge e di giurisdizione necessaria per la limitazione di questo diritto di libertà.

Pertanto non solo il domicilio può essere violato solo nelle fattispecie previste dalla legge, ma anche esclusivamente su ordine dell'autorità giudiziaria.

La Costituzione aggiunge anche che gli accertamenti e le **ispez-**

ioni per motivi di sanità e di **incolumità pubblica** o a **fini economici e fiscali** sono regolati da leggi speciali, cioè leggi emanate appositamente per realizzare questi scopi.

- In secondo luogo vi è la libertà e la segretezza della corrispondenza e di ogni altra forma di comunicazione che sono considerati inviolabili.

La loro limitazione può avvenire soltanto per atto motivato dell'autorità giudiziaria con le garanzie stabilite dalla legge.

- In terzo luogo vi è la libertà di circolazione e soggiorno garantita ad ogni cittadino, che può circolare e soggiornare liberamente in qualsiasi parte del territorio nazionale, salvo le limitazioni che la legge stabilisce in via generale per motivi di sanità o di sicurezza.

Nessuna restrizione può essere determinata da ragioni politiche.

Ogni cittadino è libero di uscire dal territorio della Repubblica e di rientrarvi, salvo gli obblighi di legge.

- In quarto luogo abbiamo la libertà di riunione e di associazione.

I cittadini hanno diritto di riunirsi pacificamente e senz'armi.

Per le riunioni, anche in **luogo aperto al pubblico**, (cioè ad esempio esercizi commerciali frequentati dal pubblico come bar, ristoranti, cinema, teatri) non è richiesto preavviso.

Delle riunioni in **luogo pubblico** come ad esempio piazze o strade, deve essere dato preavviso alle autorità amministrativa di pubblica sicurezza (questura), che possono vietarle soltanto per comprovati motivi di sicurezza o di incolumità pubblica.

I cittadini hanno diritto di associarsi liberamente, senza autorizzazione, per fini che non sono vietati ai singoli dalla legge penale. Sono vietate pertanto le associazioni criminali (ad esempio la mafia, la camorra, etc.), le associazioni segrete e quelle che perseguono, anche indirettamente, scopi politici mediante organizzazioni di carattere militare (associazioni paramilitari). Di conseguenza, la Costituzione dispone anche che è vietata la riorganizzazione del disciolto partito fascista.

- In quinto luogo abbiamo la libertà religiosa che è disciplinata come segue:

Tutti hanno diritto di professare liberamente la propria fede religiosa in qualsiasi forma, individuale o associata, di farne propaganda e di esercitarne in privato o in pubblico il culto, purché non si tratti di riti contrari al buon costume. (ad esempio i riti satanici, ecc.).

Il carattere ecclesiastico e il fine di religione o di culto d'una associazione od istituzione non possono essere causa di speciali limitazioni legislative, né di speciali gravami fiscali (difficoltà fiscali) per la sua costituzione, capacità giuridica e ogni forma di attività.

I rapporti tra lo stato italiano e la chiesa cattolica sono regolati dall'art. 7 della Costituzione, in base al quale lo stato e la chiesa costituiscono ordinamenti giuridici separati e sovrani ciascuno nel proprio ordine. L'art. 7 fa riferimento ai Patti Lateranensi stipulati l'11 febbraio 1929 tra il regime fascista e la chiesa cattolica, che sono costituiti da un trattato ed un concordato, nei quali sono regolati i rapporti tra le due istituzioni, in particolar modo in relazione all'insegnamento della religione cattolica nelle scuole italiane, ai privilegi dei ministri del culto cattolico, alla celebrazione e agli effetti civili del matrimonio cattolico, alla competenza dei tribunali ecclesiastici. Il trattato ed il concordato sono stati poi modificati nel 1984 dal governo Craxi e i vertici della chiesa cattolica.

La Costituzione infine afferma che le modifiche dei patti non sono soggette a procedimento di revisione costituzionale.

- In sesto luogo abbiamo la libertà di manifestazione del pensiero.

Tutti hanno diritto di manifestare liberamente il proprio pensiero con la parola, lo scritto e ogni altro mezzo di diffusione.

La stampa non può essere soggetta ad autorizzazioni o censure. (impedimento alla diffusione della pubblicazione)

Pertanto le pubblicazioni che violano la legge penale in quanto ad esempio contrarie al buon costume non possono essere impedite ma soltanto sequestrate sempre in applicazione della doppia riserva di legge e giurisdizione. Si può procedere a sequestro soltanto per atto motivato dell'autorità giudiziaria nel caso di delitti, per i quali la legge sulla stampa espressamente lo autorizzi, o nel caso di violazione delle norme che la legge stessa prescriva per l'indicazione dei responsabili. (nel caso che non sia indicato il direttore responsabile della pubblicazione) In tali casi, quando vi sia assoluta urgenza e non sia possibile il tempestivo intervento dell'autorità giudiziaria, il sequestro della stampa periodica può essere eseguito da ufficiali di polizia giudiziaria, che devono immediatamente, e non mai oltre ventiquattro ore, fare denunzia all'autorità giudiziaria. Se questa non lo convalida nelle ventiquattro ore successive, il sequestro s'intende revocato e privo di ogni effetto.

La legge può stabilire, con norme di carattere generale, che siano resi noti i mezzi di finanziamento della stampa periodica.

Sono vietate le pubblicazioni a stampa, gli spettacoli e tutte le altre manifestazioni contrarie al buon costume. La legge stabilisce provvedimenti adeguati a prevenire e a reprimere le violazioni.

I DIRITTI DI DIFESA IN GIUDIZIO

La Costituzione afferma che tutti possono agire in giudizio per la tutela dei propri diritti e interessi legittimi.

I diritti sono situazioni giuridiche soggettive tutelate dall'ordinamento giuridico in modo completo, ad esempio il diritto di proprietà.

Gli interessi legittimi sono invece situazioni giuridiche soggettive tutelate dall'ordinamento in modo incompleto, in quanto si tratta di diritti che affievoliscono a interessi legittimi, come ad esempio il diritto di proprietà che viene soppresso a seguito di espropriazione per pubblica proprietà da parte della Pubblica Amministrazione. Il cittadino espropriato conserva solamente l'interesse legittimo, consistente nel potere di pretendere il rispetto della legge da parte della PA nel momento in cui procede all'atto espropriativo. Se infatti tale atto viene compiuto in violazione della legge sull'espropriazione per pubblica utilità, il cittadino può chiedere l'annullamento di tale atto attraverso il ricorso alla giustizia amministrativa, cioè al TAR competente in primo grado e al Consiglio di Stato in secondo grado.

La difesa è diritto inviolabile in ogni stato e grado del procedimento giudiziario.

Sono assicurati ai non abbienti, con appositi istituti, i mezzi per agire e difendersi davanti ad ogni giurisdizione.

A tal fine è stata emanata la legge che prevede la concessione del gratuito patrocinio a spese dello stato ai cittadini che non raggiungono un certo limite di reddito, in tutte le procedure giudiziarie alle quali sono interessati

La legge determina le condizioni e i modi per la riparazione degli errori giudiziari.

Nessuno può essere distolto dal giudice naturale precostituito per legge; ciò significa che la legge prevede quale sia il giudice competente ad esaminare il caso giudiziario concreto in cui sia coinvolto un cittadino.

La competenza può essere territoriale, per materia e per valore.

Nessuno può essere punito se non in forza di una legge che sia entrata in vigore prima del fatto commesso.

Nessuno può essere sottoposto a misure di sicurezza se non nei casi previsti dalla legge.

L'estradizione del cittadino può essere consentita soltanto ove sia espressamente prevista dalle convenzioni internazionali. Questo significa che un cittadino italiano che dopo aver commesso un reato si trovi nel territorio di uno stato estero, può essere estradato solo se esiste un trattato di estradizione tra lo stato estero e l'Italia.

L' Italia non può in alcun caso concedere l'estradizione di coloro che hanno commesso dei reati politici all'estero.

La responsabilità penale è personale, vale a dire che soltanto le persone fisiche possono essere condannate per aver commesso dei reati.

Ad esempio una società non può essere condannata per i reati commessi dal suo amministratore in quanto soltanto la persona fisica che ha commesso il reato è responsabile penalmente.

Vi è poi il principio della "presunzione di innocenza", secondo il quale l'imputato non è considerato colpevole sino alla condanna definitiva.

Le pene non possono consistere in trattamenti contrari al senso di umanità e devono tendere alla rieducazione e al reinserimento del condannato nella società, per tale motivo non è ammessa la pena di morte.

Infine sempre in applicazione del principio della personalità della responsabilità penale, la Costituzione afferma che i funzionari e i dipendenti dello Stato e degli enti pubblici sono direttamente responsabili, secondo le leggi penali, civili e amministrative, degli atti compiuti in violazione di diritti.

Tuttavia nei casi di responsabilità civile oltre che penale, degli atti illeciti compiuti dai suddetti funzionari rispondono anche lo Stato e gli Enti Pubblici da cui dipendono.

Ciò costituisce una maggiore garanzia per i cittadini che vengono danneggiati dagli atti illeciti commessi dai funzionari della PA, i quali potrebbero essere non solvibili cioè non in grado di risarcire i danni cagionati ai cittadini.

Così lo Stato e gli Enti Pubblici sono tenuti a risarcire tali danni e possono soltanto rivalersi sui funzionari responsabili.

DIRITTI POLITICI

Q uesti diritti riguardano la posizione del cittadino nei confronti dell'Amministrazione e della partecipazione del governo del Paese.

La Costituzione prevede una diffusa forma di democrazia rappresentativa, che consente ai cittadini di partecipare alla determinazione della politica nazionale non direttamente ma attraverso propri rappresentanti che sono eletti e si riuniscono nel Parlamento, quale organo legislativo.

Sono elettori tutti i cittadini, uomini e donne, che hanno raggiunto la maggiore età, cioè 18 anni.

Il voto è personale ed eguale, libero e segreto. Il suo esercizio è dovere civico.

Il diritto di voto non può essere limitato se non per incapacità civile (ad esempio nel caso di fallimento), o per effetto di sentenza penale irrevocabile (che comporta in molti casi l'interdizione legale cioè l'incapacità assoluta di compiere atti giuridici) o nei casi di indegnità morale indicati dalla legge.

I cittadini possono partecipare alla determinazione della politica nazionale attraverso forme organizzative di carattere politico denominate partiti politici che godono di ampia autonomia organizzativa con il solo limite costituzionale dell'uso del metodo democratico e cioè rispettoso delle decisioni della maggioranza assunte attraverso votazioni pacifiche.

Anche per tale motivo la Costituzione ribadisce il divieto di riorganizzazione del partito fascista e delle associazioni politiche paramilitari.

I cittadini possono partecipare all'attività politica anche attraverso la cosiddetta iniziativa legislativa che si concreta nella raccolta di sottoscrizioni a favore di un progetto di legge da presentare alle Camere, o attraverso petizioni alle Camere per chiedere provvedimenti legislativi o esporre comuni necessità.

DIRITTI ECONOMICO SOCIALI

Questa parte della Costituzione è stata influenzata maggiormente dalle correnti politiche socialiste e comuniste e privilegia indubbiamente la posizione dei lavoratori subordinati così che la stessa Costituzione afferma che la Repubblica tutela il lavoro in tutte le sue forme ed applicazioni e cura la formazione e l'elevazione professionale dei lavoratori.

In particolare viene affermato nel famoso articolo 36 della Costituzione il principio della giusta retribuzione, cioè una retribuzione proporzionata alla quantità e qualità del suo lavoro e in ogni caso sufficiente ad assicurare a sé e alla famiglia un'esistenza libera e dignitosa.

Questo principio è stato costantemente applicato dalla Magistratura per la risoluzione delle controversie di lavoro riguardanti la giusta retribuzione dei lavoratori subordinati attraverso il ricorso alla retribuzione stabilita nei contratti collettivi stipulati tra le organizzazioni sindacali dei lavoratori subordinati e dei datori di lavoro. In tal modo se la retribuzione effettiva del lavoratore risulta inferiore alla cosiddetta paga sindacale, il datore di lavoro dovrà corrispondere la somma aggiuntiva risultante dalla differenza tra la retribuzione effettiva e quella sindacale.

La durata massima della giornata lavorativa è stabilita dalla legge.

Il lavoratore ha diritto al riposo settimanale e a ferie annuali retribuite, e non può rinunziarvi.

La donna lavoratrice ha gli stessi diritti e, a parità di lavoro, le stesse retribuzioni che spettano al lavoratore.

Le condizioni di lavoro devono consentire l'adempimento della sua essenziale funzione familiare e assicurare alla madre e al bambino una speciale adeguata protezione.

La legge stabilisce il limite minimo di età per il lavoro salariato, che attualmente è di 16 anni.

La Costituzione afferma il principio della libertà di organizzazione sindacale, prevedendo che i sindacati acquistino la personalità giuridica se registrati a norma di legge, con la principale condizione che siano organizzati democraticamente.

I sindacati registrati possono, stipulare contratti collettivi di lavoro con efficacia obbligatoria per tutti gli appartenenti alle categorie alle quali il contratto si riferisce.

Questa disciplina costituzionale non ha però trovato attuazione e gradimento da parte delle attuali organizzazioni sindacali che preferiscono evitare la registrazione per non sottoporsi ai controlli statali.

Pertanto i sindacati attualmente operanti vanno ricompresi nella categoria giuridica delle associazioni non riconosciute di diritto privato che non hanno personalità giuridica e coincidono con il gruppo di tutti gli associati.

I contratti collettivi stipulati dalle organizzazioni sindacali attuali hanno efficacia pertanto solo nei confronti dei lavoratori iscritti a tali sindacati. Soltanto attraverso la prassi giurisprudenziale i trattamenti economici (retribuzioni) previsti dalla contrattazione collettiva sono stati estesi a tutti i lavoratori appartenenti alle categorie indicate in tali contratti, facendo ricorso al principio della giusta retribuzione, affermato nell'articolo 36 della Costituzione, in considerazione del fatto che la cosiddetta "paga sindacale" può essere considerata senz'altro come retribuzione commisurata alla quantità e qualità della prestazione lavorativa effettuata ed in ogni caso sufficiente a garantire al lavoratore subordinato e alla sua famiglia una esistenza libera e dignitosa.

Per quanto riguarda lo sciopero, la Costituzione attuale, nel considerarlo un diritto, si discosta notevolmente dallo Statuto Albertino che considerava lo sciopero un'attività non proibita ma alla stregua di un inadempimento contrattuale, con la conseguenza che il lavoratore scioperante non aveva diritto alla retribuzione e poteva anche essere licenziato.

Se lo sciopero è invece considerato un diritto garantito costituzionalmente non può più considerarsi un inadempimento contrattuale ma libera esplicazione della personalità dei lavoratori dipendenti diretta alla rivendicazione di miglioramenti economici nei confronti dei datori di lavoro.

Pertanto lo sciopero tutelato dalla Costituzione è solo quello economico, non quello politico e recentemente è stata emanata la legislazione relativa all'esercizio del diritto di sciopero e dei limiti in cui può essere esercitato, limiti che riguardano soprattutto la necessità di assicurare i cittadini la fornitura da parte dello stato dei servizi pubblici essenziali.

Se l'organizzazione sindacale e lo sciopero, così come disciplinati costituzionalmente rispondono alle istanze delle correnti politiche di sinistra presenti all'interno dell'assemblea costituente, altri diritti economico sociali vengono tutelati soprattutto in base alle esigenze delle correnti politiche conservatrici: è il caso della proprietà e della iniziativa economica privata.

Secondo la Costituzione l'iniziativa economica privata è libera, non può svolgersi in contrasto con l'utilità sociale o in modo da recare danno alla sicurezza, alla libertà, alla dignità umana; viene così affermata non solo la libertà di commercio, ma anche la sua funzione sociale, ciò che può comportare una serie di limiti posti a livello legislativo nei confronti delle attività imprenditoriali, per tutelare la posizione delle classi sociali inferiori e comunque dei consumatori

La proprietà è pubblica o privata, i beni economici appartengono allo Stato, ad enti o a privati.

La proprietà privata è riconosciuta e garantita dalla legge, che ne determina i modi di acquisto, di godimento e i limiti allo scopo di assicurarne la funzione sociale e di renderla accessibile a tutti. L'affermazione della utilità sociale riguardante l'iniziativa economica privata viene estesa anche alla proprietà privata, ad esempio nel codice civile sono vietati gli atti emulativi cioè quelli diretti ad esercitare il diritto di proprietà privata al solo scopo di danneggiare altri soggetti o l'intera collettività.

Nella Costituzione è prevista poi la possibilità che lo stato o gli enti pubblici possano procedere alla soppressione o limitazione del diritto di proprietà privata, a fini di utilità generale, come ad esempio viene previsto dalla legislazione in tema di espropriazione per pubblica utilità, con la previsione per altro molto generica e per nulla rassicurante, che sia corrisposto al cittadino espropriato un indennizzo.

Per quanto riguarda poi le imprese che forniscono fonti di energia, servizi pubblici essenziali o che operino in regime di monopolio, la Costituzione riserva allo Stato il diritto di procedere alla loro espropriazione mediante nazionalizzazione, per impedire che tali imprese siano gestite al solo scopo di trarne profitto, come avviene per tutte le imprese private, con rilevanti danni per i cittadini e i consumatori.

Attraverso le imprese pubbliche lo stato pur perseguendo lo scopo di lucro, tiene tuttavia presente l'interesse della collettività e l'esigenza di assicurare la fruibilità dei servizi offerti da tali imprese alla maggior parte o a tutti i cittadini.

Questa stessa esigenza viene riaffermata in relazione alla proprietà privata terriera e alle imprese agricole, attraverso una legislazione che impedisca il formarsi del latifondo e che favorisca la piccola e media proprietà terriera, in modo da evitare il formarsi di grosse disuguaglianze sociali.

Infine la Costituzione favorisce lo sviluppo di imprese organizzate più democraticamente, senza scopo di lucro ma con il fine di favorire la partecipazione di tutti i cittadini alla loro attività come le cooperative, che perseguono uno scopo mutualistico costituito dal reciproco aiuto tra i soci e la società.

Così pure è rivolta una particolare attenzione allo sviluppo delle piccole aziende e quindi dell'artigianato, ed infine alle aziende in cui venga riconosciuto ai lavoratori il diritto di parteciparne alla gestione.

IL PARLAMENTO

L a democrazia rappresentativa prevede che il potere legislativo sia esercitato da un'assemblea in cui si riuniscono i rappresentanti del popolo: il Parlamento.

All'interno di esso si costituiscono i gruppi parlamentari in cui confluiscono gli eletti appartenenti ai diversi partiti.

Il parlamentarismo italiano deriva in gran parte da quello inglese e quindi si presenta come "bicameralismo" che differisce dal sistema inglese in quanto le due camere svolgono la stessa funzione (bicameralismo perfetto), mentre in Inghilterra la funzione legislativa viene esercitata dalla Camera dei Comuni (elettiva), e la Camera dei Lords svolge le funzioni di alta Corte di Giustizia.

Il sistema elettorale può essere di due tipi:

- maggioritario come nei paesi anglosassoni e quindi con la suddivisione del territorio statale in collegi elettorali uninominali, nei quali può essere eletto un solo candidato che ottenga almeno un voto in più rispetto ai concorrenti.

- proporzionale come nella maggior parte dei paesi del mondo, in cui il territorio statale è suddiviso in collegi plurinominali in cui ogni partito presenta una lista di candidati, che vengono eletti rispettando la proporzione tra i voti ottenuti dai singoli partiti.

Ad esempio una lista che ottenga il 30% dei voti otterrà il 30% dei seggi (posti da assegnare in parlamento) messi a disposizione nel collegio plurinominale (se i seggi sono 10 quella lista ne otterrà 3)

I partiti all'inizio erano formati da esponenti della nobiltà, della burocrazia e dell'alta borghesia e perciò bisogna considerarli "partiti di notabili", anche perché venivano eletti da coloro che avevano una certa ricchezza.

Soltanto con l'evoluzione in senso democratico dello Statuto Albertino si formarono i partiti di massa che rappresentavano anche le classi meno abbienti, grazie anche al sistema elettorale che aveva esteso il diritto di voto a tutti i maschi che avessero raggiunto la maggiore età (suffragio universale maschile).

Con l'attuale Costituzione il suffragio universale è stato esteso anche alle donne.

Il Parlamento si compone della Camera dei deputati e del Senato della Repubblica.

Il Parlamento si riunisce in seduta comune dei membri delle due Camere nei soli casi stabiliti dalla Costituzione: ad esempio per l'elezione del Presidente della Repubblica o per la sua messa in stato di accusa per alto tradimento o per attentato alla Costituzione.

La Camera dei deputati è eletta a suffragio universale e diretto.

Il numero dei deputati è di seicentotrenta, dodici dei quali eletti all' estero.

Sono eleggibili a deputati tutti gli elettori che nel giorno delle elezioni hanno compiuto i venticinque anni di età.

Il Senato della Repubblica è eletto a base regionale, salvi i seggi assegnati all' estero.

Il numero dei senatori elettivi è di trecentoquindici, sei dei quali eletti all'estero.

I senatori sono eletti a suffragio universale e diretto dagli elettori che hanno superato il venticinquesimo anno di età.

Sono eleggibili a senatori gli elettori che hanno compiuto il quarantesimo anno.

È senatore di diritto e a vita, salvo rinunzia, chi è stato Presidente della Repubblica.

Il Presidente della Repubblica può nominare senatori a vita cinque cittadini che hanno illustrato la Patria per altissimi meriti nel campo sociale, scientifico, artistico e letterario.

La Camera dei deputati e il Senato della Repubblica sono eletti per cinque anni.

La durata di ciascuna Camera non può essere prorogata se non per legge e soltanto in caso di guerra.

Ciascuna Camera adotta il proprio regolamento a maggioranza assoluta dei suoi componenti, per disciplinare la propria organizzazione e il proprio funzionamento ed in particolare in relazione ai sistemi e alle modalità delle votazioni.

I regolamenti parlamentari sono compresi tra le fonti primarie del diritto e quindi si situano allo stesso livello delle leggi statali e di tutti gli atti ad essi equiparati, essendo subordinati solo alla Costituzione.

Le deliberazioni di ciascuna Camera e del Parlamento non sono valide se non è presente la maggioranza dei loro componenti, e se non sono adottate a maggioranza dei presenti, salvo che la Costituzione prescriva una maggioranza speciale.

Ogni membro del Parlamento rappresenta la Nazione ed esercita le sue funzioni **senza vincolo di mandato.**

Questa espressione significa che nella Costituzione viene recepito il cosiddetto **"divieto del mandato imperativo"**, cioè il parlamentare non può essere costretto a tenere fede alle promesse fatte agli elettori nella campagna elettorale.

L'unica sanzione prevista nel caso comportamento scorretto del parlamentare rimane la possibilità che gli elettori non lo votino alle elezioni successive.

I membri del Parlamento non possono essere chiamati a rispondere delle opinioni espresse e dei voti dati nell'esercizio delle loro funzioni. Si tratta in pratica dell'immunità sostanziale concessa ai parlamentari.

Senza autorizzazione della Camera alla quale appartiene, nessun membro del Parlamento può essere sottoposto a perquisizione personale o domiciliare, né può essere arrestato o altrimenti privato della libertà personale, o mantenuto in detenzione, salvo che in esecuzione di una sentenza irrevocabile di condanna, ovvero se sia colto nell'atto di commettere un delitto per il quale è previsto l'arresto obbligatorio in flagranza. In questo caso si parla invece di immunità processuale, nel senso che occorre l'autorizzazione della camera a cui appartiene il parlamentare per l'arresto o altri provvedimenti restrittivi della libertà personale mentre, in ogni caso il parlamentare può essere sottoposto a processo sia penale che civile che amministrativo.

La privazione della libertà personale è possibile senza autorizzazione della camera a cui appartiene il parlamentare solo se vi è una sentenza definitiva di condanna a suo carico o in caso di flagranza di reato per cui la legge dispone l'arresto obbligatorio.

Le suddette limitazioni valgono anche per sottoporre i membri del Parlamento ad intercettazioni, in qualsiasi forma, di conversazioni o comunicazioni e a sequestro di corrispondenza.

La formazione delle leggi

La funzione legislativa è esercitata collettivamente dalle due Camere.

L'iniziativa delle leggi appartiene:

- al Governo;
- a ciascun membro delle Camere;
- ai consigli regionali
- al CNEL (Consiglio Nazionale dell'Economia e del Lavoro);
- a 50.000 elettori.

All'interno di ciascuna Camera vengono formati dei gruppi di parlamentari più ristretti, nei quali sono rappresentati tutti i gruppi parlamentari in proporzione alla rispettiva forza elettorale.

Questi gruppi si chiamano Commissioni Permanenti ed in sostanza sono dei piccoli parlamenti formati da 10 o 20 parlamentari, con il compito di esaminare i disegni di legge riguardanti le specifiche materie che sono attribuite alle commissioni permanenti.

Il progetto di legge viene pertanto esaminato dalla Commissione Permanente competente per materia.

Questa può riunirsi in **"sede referente"** quando ha il compito di esaminare il disegno di legge e redigere una relazione che poi sarà sottoposta all'esame dell'assemblea plenaria (aula), che dovrà poi approvare la legge con votazione articolo per articolo e votazione finale.

La sede referente è prevista per i progetti di legge relativi a **"diritti costituzionalmente garantiti"**.

Per le cosiddette "leggine", che non riguardano diritti costituzionalmente garantiti la commissione permanente competente per materia si riunisce invece in **sede deliberante**, nel senso che approva direttamente la legge

Quando una legge è approvata da una camera o da una commissione in sede deliberante appartenente ad una camera, ovviamente deve essere approvata anche dall'altra camera o dalla commissione ad essa appartenente.

Può accadere tuttavia che la seconda camera o commissione apporti delle correzioni (emendamenti) al testo approvato dalla prima camera o commissione, che pertanto deve riunirsi ancora per riapprovare il testo così modificato. Se la prima camera o commissione a loro volta modificano il testo approvato dalla seconda camera o commissione, queste dovranno riunirsi ancora per riapprovare il testo così modificato, e così via, dando vita al fenomeno del cosiddetto "palleggiamento" che può sfociare, nel caso che alcuni gruppi parlamentari presentino migliaia di emendamenti allo scopo di ritardare il più possibile l'approvazione definitiva della legge, nel fenomeno dell'"ostruzionismo parlamentare".

Le leggi sono promulgate (dichiarate solennemente) dal Presidente della Repubblica entro un mese dall'approvazione.

Le leggi sono pubblicate sulla Gazzetta Ufficiale della Repubblica Italiana subito dopo la promulgazione ed entrano in vigore il quindicesimo giorno successivo alla loro pubblicazione, salvo che le leggi stesse stabiliscano un termine diverso.

Il periodo che intercorre tra la pubblicazione e l'entrata in vigore della legge si definisce "vuoto legislativo" o "vacatio legis".

Il Presidente della Repubblica, prima di promulgare la legge, può con messaggio motivato, ad esempio motivato da censure di anticostituzionalità può chiedere alle Camere una nuova deliberazione.

Se le Camere approvano nuovamente la legge, questa deve essere promulgata.

Le Camere deliberano lo stato di guerra e conferiscono al Governo i poteri necessari.

A questo proposito bisogna però aggiungere che lo Stato italiano può deliberare uno stato di guerra solo nel caso di aggressione da parte di nemici esterni, in altre parole secondo la nostra Costituzione è possibile soltanto una guerra difensiva, in quanto tra i principi supremi della Costituzione vi è quello del ripudio della guerra come mezzo di risoluzione delle controversie internazionali.

Accanto alle forme di democrazia rappresentativa sono previste nella Costituzione diverse forme di democrazia diretta, cioè di partecipazione diretta del popolo (corpo elettorale formato da tutti i cittadini che hanno raggiunto la maggiore età) alla funzione legislativa.

Queste forme sono le seguenti:

- referendum popolare abrogativo indetto per deliberare l'abrogazione, totale o parziale, di una legge o di un atto avente valore di legge, quando lo richiedono cinquecentomila elettori o cinque Consigli regionali. Questo referendum non è ammesso per abrogare leggi tributarie e di bilancio, di amnistia e di indulto, di autorizzazione a ratificare trattati internazionali. La proposta soggetta a referendum è approvata se ha partecipato alla votazione la maggioranza degli aventi diritto, e se è raggiunta la maggioranza dei voti validamente espressi.

- referendum popolare approvativo di leggi costituzionali, quando queste siano state votate dal Parlamento con la semplice maggioranza assoluta ovvero la "metà più uno" dei membri di ciascuna camera, su richiesta di 1/5 dei membri di una camera, di 500 mila elettori o di 5 consigli regionali.

- Referendum popolare consultivo, quando viene consultata la popolazione di comuni, province o regioni allo scopo di unire il territorio di due o più comuni, province o regioni. Questo referendum non ha nessuna efficacia obbligatoria ma ha solo lo scopo di raccogliere l'orientamento dei cittadini in ordine alla possibile modificazione del territorio di comuni, province e regioni.

IL GOVERNO

Al vertice degli organi che esercitano la funzione esecutiva la Costituzione prevede il Governo della Repubblica che è composto dal Presidente del Consiglio e dai ministri, che costituiscono insieme il Consiglio dei ministri.

Il Presidente del Consiglio svolge solo funzioni di coordinatore e pertanto non è superiore gerarchico dei ministri. Ciò è stato voluto dall'Assemblea Costituente formata dai partiti democratici e antifascisti, per evitare di ripristinare la figura del capo del governo, che veniva riferita chiaramente a quella del Duce del fascismo.

All'interno del governo vi sono altri organi o gruppi di organi detti Comitati Interministeriali, che sono formati da diversi ministri che uniscono le loro competenze, ad esempio il CIPE (Comitato per la Programmazione Economica), il CIP (Comitato Interministeriale Prezzi), o il CICR (Comitato Interministeriale per il credito e il risparmio).

I ministri che dirigono un ministero o un dicastero (insieme di organi, uffici e attrezzature materiali), si chiamano "ministri con portafoglio" invece i ministri che non sono posti alla direzione di alcun ministero o dicastero si dicono ministri senza portafoglio (ad esempio il ministro per i rapporti con il Parlamento).

Sono previste anche le figure dei "vice –ministri" detti con termine tecnico "sottosegretari", i quali svolgono la funzione di ministri in caso di impedimento dei singoli ministri.

La formazione del Governo

Perché si dia luogo alla formazione di un nuovo governo occorre che quello in carica presenti le dimissioni.

Ciò si verifica a seguito di una crisi di governo, che può essere parlamentare o extra parlamentare.

Nel primo caso il governo si dimette perché non ottiene più la fiducia da parte della maggioranza parlamentare, ad esempio su disegno di legge in relazione al quale lo stesso governo chiede la fiducia, che gli viene negata.

In questo caso le dimissioni sono provocate dalla mancata fiducia della maggioranza parlamentare nei confronti del governo.

Il secondo caso si verifica di solito quando il governo è formato da una coalizione di partiti che ad un certo punto dei loro rapporti presentano linee politiche divergenti.

A seguito di questi disaccordi politici il governo è costretto a presentare le dimissioni.

Fin quando non viene nominato un nuovo governo quello dimissionario rimane in carica ma solo per gli affari correnti.

Nel frattempo il Presidente della Repubblica inizia una serie di consultazioni con i rappresentanti dei partiti e le varie organizzazioni economiche e sociali, allo scopo di conferire l'incarico di formare un nuovo governo ad una personalità che sia in grado di raccogliere il consenso necessario da parte della maggioranza parlamentare.

La persona incaricata di formare il nuovo governo provvede a sua volta a consultare le organizzazioni partitiche, economiche e sociali e le loro delegazioni, allo scopo di redigere un programma di governo che possa raccogliere il consenso della maggioranza parlamentare, e compilare la lista dei ministri da sottoporre alla nomina del Presidente della Repubblica.

Il Presidente della Repubblica nomina il Presidente del Consiglio dei ministri e, su proposta di questo, i ministri.

Il Presidente del Consiglio dei ministri e i ministri, prima di assumere le funzioni, prestano giuramento nelle mani del Presidente della Repubblica.

Il Governo deve avere la fiducia delle due Camere, e a tale scopo entro dieci giorni dalla nomina il Presidente del Consiglio nominato si presenta in Parlamento per illustrare il programma di governo e ottenerne la fiducia da parte della maggioranza parlamentare.

Il governo, oltre ad esercitare la funzione esecutiva è titolare anche della cosiddetta funzione di indirizzo politico, consistente nell'individuazione dei fini dello stato e dei mezzi per ottenerli.

A tale scopo il governo presenta molto spesso disegni di legge, che vengono normalmente approvati dalla maggioranza che lo sostiene.

Il governo è titolare anche di potestà normativa, che esercita attraverso l'emanazione dei regolamenti (decreti del Presidente della Repubblica – DPR) e decreti ministeriali – DM.

La Costituzione assegna però al governo anche la potestà di emanare atti con forza di legge, che si situano allo stesso livello delle leggi statali.

Si tratta delle cosiddette leggi "solo sostanziali" che rivestono la forma dell'atto governativo ma contengono norme generali ed astratte.

Esse sono i decreti legislativi e i decreti - legge.

I primi sono emanati su delega del Parlamento che indichi l'oggetto da disciplinare, i principî e criteri direttivi e il tempo necessario alla regolamentazione della materia.

I secondi sono emanati in casi straordinari di necessità e d'urgenza.

Il Governo adotta, sotto la sua responsabilità, provvedimenti provvisori con forza di legge, che deve il giorno stesso presentare per la conversione alle Camere che, anche se sciolte, sono appositamente convocate e si riuniscono entro cinque giorni.

I decreti - legge perdono efficacia sin dall'inizio, se non sono convertiti in legge entro sessanta giorni dalla loro pubblicazione.

Le Camere possono tuttavia regolare con legge i rapporti giuridici sorti sulla base dei decreti non convertiti.

La responsabilità ministeriale

I ministri sono responsabili collegialmente degli atti del Consiglio dei ministri, e individualmente degli atti dei loro dicasteri.

Pertanto possiamo distinguere diversi tipi di responsabilità:

- Responsabilità politica: il caso in cui si verifica riguarda la condotta contraria all'indirizzo politico assunto dal governo, sia da parte dello stesso governo sia da parte dei singoli ministri, condotta che provoca la sfiducia da parte della maggioranza parlamentare con obbligo di dimissioni del governo o dei singoli ministri;

- Responsabilità amministrativa che riguarda gli atti compiuti dal governo in violazione di norme che disciplinano l'attività e l'organizzazione della Pubblica Amministrazione, con conseguente applicazione delle sanzioni amministrative a carico dei responsabili;

- Responsabilità civile: per gli atti illeciti compiuti dal governo o dai singoli ministri a danno dei cittadini. Secondo l'art. 28 della Costituzione, il cittadino danneggiato dall'illecito commesso dalla P.A. può chiedere il risarcimento del danno direttamente allo Stato, il quale avrà diritto di rivalsa sul ministro o sui ministri responsabili;

■ Responsabilità penale: per i reati commessi dai ministri nell'esercizio delle loro funzioni; Il Presidente del Consiglio dei ministri ed i ministri, anche se cessati dalla carica, sono sottoposti, per i reati commessi nell'esercizio delle loro funzioni, alla giurisdizione ordinaria, previa autorizzazione del Senato della Repubblica o della Camera dei deputati, secondo le norme stabilite con legge costituzionale. A tal fine è stato creato un apposito tribunale con il compito di giudicare sui reati commessi dai ministri (Tribunale dei Ministri) che comunque appartiene alla Magistratura ordinaria e non è considerato un tribunale speciale, essendogli assegnata solo una particolare competenza.

IL PRESIDENTE DELLA REPUBBLICA

La figura del Presidente della Repubblica prevista dall'attuale Costituzione è una figura rappresentativa dell'unità nazionale e di garanzia costituzionale che partecipa a tutti i poteri dello stato ma concretamente svolge una funzione così detta "notarile" in quanto le decisioni più importanti sia a livello legislativo che amministrativo e giudiziario vengono adottate dagli organi posti al vertice dei rispettivi poteri.

Il Presidente della Repubblica pertanto ha dei poteri analoghi a quelli della monarchia inglese nella quale il re regna ma non governa e pertanto la figura del Presidente della Repubblica nel nostro paese rientra nella categoria delle forme di governo parlamentari.

Il Presidente della Repubblica è eletto dal Parlamento in seduta comune dei suoi membri.

Può essere eletto Presidente della Repubblica ogni cittadino che abbia compiuto cinquanta anni d'età e goda dei diritti civili e politici.

L'ufficio di Presidente della Repubblica è incompatibile con qualsiasi altra carica.

Il Presidente della Repubblica è eletto per sette anni.

Le funzioni del Presidente della Repubblica, in ogni caso che egli non possa adempierle, sono esercitate dal Presidente del Senato.

Il Presidente della Repubblica è il capo dello Stato e rappresenta l'unità nazionale.

Partecipa all' attività legislativa attraverso le seguenti funzioni:

- può inviare messaggi alle Camere.
- Indice le elezioni delle nuove Camere e ne fissa la prima riunione.
- Autorizza la presentazione alle Camere dei disegni di legge di iniziativa del Governo.
- Promulga le leggi ed emana i decreti aventi valore di legge e i regolamenti.
- Indice il referendum popolare nei casi previsti dalla Costituzione.
- Il Presidente della Repubblica può, sentiti i loro Presidenti, sciogliere le Camere o anche una sola di esse. Non può esercitare tale facoltà negli ultimi sei mesi del suo mandato (semestre bianco) salvo che essi coincidano in tutto o in parte con gli ultimi sei mesi della legislatura

Partecipa all'attività amministrativa attraverso le seguenti funzioni:

- Nomina, nei casi indicati dalla legge, i funzionari dello Stato;
- Accredita e riceve i rappresentanti diplomatici, ratifica i trattati internazionali, previa, quando occorra, l'autorizzazione delle Camere;
- Ha il comando delle Forze armate;
- presiede il Consiglio supremo di difesa costituito secondo la legge;
- dichiara lo stato di guerra deliberato dalle Camere;

■ Conferisce le onorificenze della Repubblica

Partecipa all'attività giudiziaria attraverso le seguenti funzioni:

■ Presiede il Consiglio superiore della magistratura.

■ Può concedere grazia e commutare le pene.

Come già nello Statuto Albertino è stato mantenuto l'istituto della "irresponsabilità del Presidente della Repubblica per gli atti compiuti nell'esercizio delle sue funzioni".

Pertanto per gli atti di carattere amministrativo firmati dal Presidente della Repubblica è prevista la controfirma dei ministri proponenti che ne assumono la responsabilità.

Per gli atti di carattere legislativo e giudiziario è prevista comunque la controfirma del Presidente del Consiglio dei Ministri.

La Costituzione prevede soltanto due casi di responsabilità penale del Presidente della Repubblica per gli atti compiuti nell'esercizio delle sue funzioni.

Lo stesso può essere incriminato dal Parlamento in seduta comune e giudicato dalla Corte Costituzionale soltanto per i reati di "alto tradimento" e di attentato alla Costituzione.

LA MAGISTRATURA

I l termine Magistratura indica il potere giudiziario, cioè l'insieme degli organi statali che esercitano l'amministrazione della giustizia.

Questa funzione sovrana consiste nel dare attuazione alle leggi risolvendo le controversie tra cittadini o tra stato e cittadini.

La Costituzione afferma innanzitutto che la giustizia è amministrata in nome del popolo, in quanto la sovranità e tutte le funzioni sovrane sono svolte dagli organi statali su investitura del corpo elettorale.

Viene inoltre affermata la totale autonomia del potere giudiziario sia dal potere legislativo che da quello esecutivo, attraverso l'affermazione che i giudici sono soggetti soltanto alla legge, e cioè non hanno nessun superiore gerarchico in grado di influenzare le loro decisioni.

La funzione giurisdizionale è esercitata da magistrati ordinari istituiti e regolati dalle norme sull'ordinamento giudiziario.

Non possono essere istituiti giudici straordinari o giudici speciali, ma solo sezioni specializzate presso gli organi giudiziari ordinari per determinate materie, anche con la partecipazione di cittadini idonei estranei alla magistratura.

La legge regola i casi e le forme della partecipazione diretta del popolo all'amministrazione della giustizia.

Ad esempio la partecipazione dei cittadini alle Corti d'Assise, cioè organi giudiziari penali che hanno il compito di giudicare sui reati più gravi come l'omicidio, la strage, ecc.

Nei casi di controversie tra il cittadino e la Pubblica Amministrazione la competenza a giudicare su di esse è devoluta agli organi della giustizia amministrativa, che sono i Tribunali Amministrativi Regionali, presenti in ogni capoluogo di regione, il Consiglio di Stato e la Corte dei Conti. Di solito i TAR si occupano della tutela degli interessi legittimi fatti valere dai cittadini nei confronti della Pubblica Amministrazione.

La Corte dei conti ha giurisdizione nelle materie di contabilità pubblica e nelle altre specificate dalla legge.

I tribunali militari in tempo di guerra hanno la giurisdizione stabilita dalla legge.

In tempo di pace hanno giurisdizione soltanto per i reati militari commessi da appartenenti alle Forze armate.

Il Consiglio Superiore della Magistratura

L'organo di autogoverno dei magistrati è costituito dal Consiglio Superiore della Magistratura presieduto dal Presidente della Repubblica.

Ne fanno parte di diritto il primo presidente e il procuratore generale della Corte di cassazione.

Gli altri componenti sono eletti per due terzi da tutti i magistrati ordinari tra gli appartenenti alle varie categorie, e per un terzo dal Parlamento in seduta comune tra professori ordinari di università in materie giuridiche ed avvocati dopo quindici anni di esercizio.

I membri elettivi del Consiglio durano in carica quattro anni e non sono immediatamente rieleggibili.

Non possono, finché sono in carica, essere iscritti negli albi professionali, né far parte del Parlamento o di un Consiglio regionale.

Spettano al Consiglio superiore della magistratura, secondo le norme dell'ordinamento giudiziario, le assunzioni, le assegnazioni ed i trasferimenti, le promozioni e i provvedimenti disciplinari nei riguardi dei magistrati.

Le nomine dei magistrati hanno luogo per concorso, alcuni magistrati cosiddetti onorari, possono essere di nomina elettiva.

Le norme sull'ordinamento giudiziario e su ogni magistratura sono stabilite con legge.

Ferme le competenze del Consiglio superiore della magistratura, spettano al Ministro della giustizia l'organizzazione e il funzionamento dei servizi relativi alla giustizia.

Disciplina costituzionale della funzione giurisdizionale

La giurisdizione si attua mediante il giusto processo regolato dalla legge.

Ogni processo si svolge nel contraddittorio cioè nel confronto tra le parti, in condizioni di parità, davanti a giudice terzo e imparziale.

La legge assicura la ragionevole durata del processo.

Tutti i provvedimenti giurisdizionali devono essere motivati.

Contro le sentenze e contro i provvedimenti sulla libertà personale, pronunciati dagli organi giurisdizionali ordinari o speciali, è sempre ammesso ricorso in Cassazione per violazione di legge. Si può derogare a tale norma soltanto per le sentenze dei tribunali militari in tempo di guerra.

La Corte Costituzionale

La Corte Costituzionale è un organo giudiziario che la Costituzione prevede con funzioni di garanzia del rispetto delle norme costituzionali.

La principale funzione svolta dalla Corte è costituita dal sindacato di costituzionalità delle leggi e degli atti equiparati, cioè il controllo sulla conformità o meno di tali atti ai principi costituzionali.

Nel caso di contrarietà di una legge o di alcune sue norme a tali principi la Corte ne pronuncia la incostituzionalità ed il giorno successivo le norme contrarie alla Costituzione vengono cancellate dall'ordinamento giuridico.

Da un punto di vista tecnico giuridico le sentenze della Corte si dicono di "accoglimento" quando dichiarano la legge impugnata contraria alla Costituzione, di "rigetto" quando la dichiarano non contraria alla Costituzione. Vi possono poi essere "sentenze parziali di accoglimento o di rigetto", nel senso che la Corte può dichiarare contrarie o non contrarie alla Costituzione solo alcune delle norme impugnate.

Il giudizio di costituzionalità viene promosso, in via incidentale o in via diretta.

Nel primo caso che è anche il più frequente, durante un processo civile, penale o amministrativo può essere sollevata una questione di costituzionalità in relazione a date norme, sia dalle parti del procedimento, sia dal giudice. Quest' ultimo se ritiene la questione non manifestamente infondata dal punto di vista costituzionale, sospende il procedimento in corso, e rimette gli atti alla Corte Costituzionale, finché si pronunci su tale questione.

Il "giudizio in via diretta", riguarda invece l'impugnazione da parte dello Stato delle leggi regionali, che da luogo ad un "giudizio diretto" davanti alla Corte Costituzionale.

La Corte svolge poi altre funzioni: innanzitutto può essere chiamata a giudicare sull'accusa di alto tradimento o di attentato alla Costituzione formulata nei confronti del Presidente della Repubblica dal Parlamento in seduta comune; in secondo luogo può essere investita del giudizio sui conflitti di attribuzione tra lo Stato e le regioni o tra i poteri dello Stato, ad esempio una questione di competenza sull'emanazione di un determinato atto da parte del potere giudiziario o da parte del potere amministrativo, sulla quale vi sia conflitto tra i due poteri, nel senso che ognuno si dichiari competente ad emanare quell'atto.

Infine la Corte ha il compito di giudicare sull'ammissibilità del referendum abrogativo, in relazione ai limiti previsti nella Costituzione, che vieta di sottoporre a referendum le leggi tributarie e di bilancio e quelle di autorizzazione alla ratifica dei trattati internazionali.

La Corte costituzionale è composta di quindici giudici nominati per un terzo dal Presidente della Repubblica, per un terzo dal Parlamento in seduta comune e per un terzo dalle supreme magistrature ordinaria ed amministrative.

I giudici della Corte costituzionale sono scelti tra i magistrati anche a riposo delle giurisdizioni superiori ordinaria ed amministrative, i professori ordinari di università in materie giuridiche e gli avvocati dopo venti anni d'esercizio.

I giudici della Corte costituzionale sono nominati per nove anni.